Jean Cocteau

Jean Cocteau

© Éditions du Seuil, 25 bd Romain-Rolland, 75014 Paris, 2003

ISBN : 978-2-02-104127-9
(ISBN première édition reliée : 2-02-061402-2)

Le Code de la propriété intellectuelle interdit les copies ou reproductions destinées à une utilisation collective. Toute représentation ou reproduction intégrale ou partielle faite par quelque procédé que ce soit, sans le consentement de l'auteur ou de ses ayants cause, est illicite et constitue une contrefaçon sanctionnée par les articles L.335-2 et suivants du Code de la propriété intellectuelle.

www.seuil.com

Jean Cocteau

LES ANNÉES FRANCINE

1950-1963

CAROLE WEISWEILLER

Jean Cocteau

LES ANNÉES FRANCINE

1950-1963

SEUIL

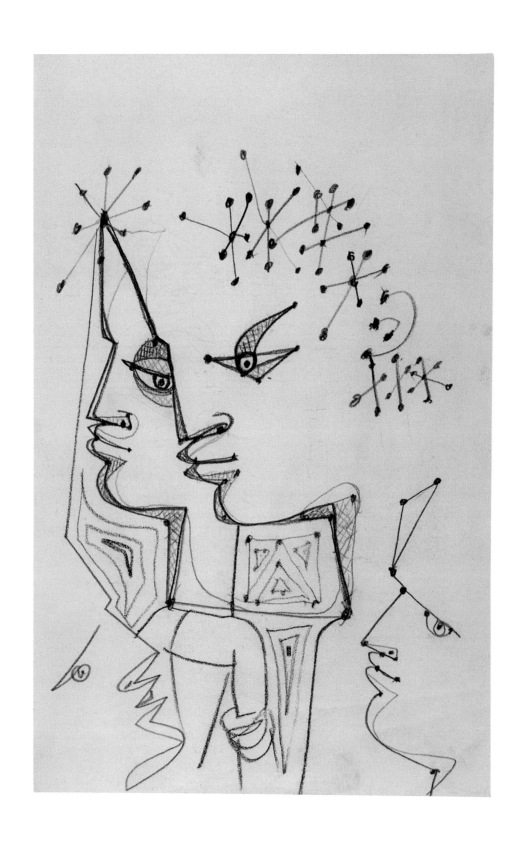

SOMMAIRE

INTRODUCTION	11
SANTO SOSPIR	23
LES VOYAGES	85
PARIS	115
LE TESTAMENT D'ORPHÉE	151
FIN	167

Elle soigne, elle fascine
avec des mains d'écureuil
On dirait que pose Francine
Une anémone sur chaque œil.

Jean
X
Noël
1950

Jean Cocteau rencontra Francine, ma mère, en septembre 1949 au cours du tournage du film adapté de son célèbre roman *Les Enfants terribles* que mettait en scène un tout jeune cinéaste de l'époque : Jean-Pierre Melville. L'interprète principale, Nicole de Rothschild dite Nicole Stéphane, était cousine de mon père et habitait le dernier étage de notre maison. Sachant que Francine avait toujours rêvé de faire la connaissance du poète, elle l'invita à assister à une journée de tournage. Jean Cocteau fut frappé d'un véritable coup de foudre d'amitié pour cette ravissante jeune femme blonde aux yeux bleus. Pour certaines scènes, Melville cherchait une grande maison en travaux ainsi qu'un complément de financement pour terminer le film. Ma mère convainquit mon père d'aider la production et de permettre à l'équipe des *Enfants terribles* de tourner dans l'hôtel particulier du 4, place des États-Unis, construit à la fin du siècle dernier par mes arrière-grands-parents paternels. Il avait été occupé par les Allemands pendant la guerre, puis par les auxiliaires féminines de l'armée de terre (AFAT). Nous venions de le récupérer et de nous y installer. C'est ainsi qu'un soir de Noël 1949 je fis la connaissance d'un certain « Jean Cocteau ».

Quelques mois plus tard, le film terminé, le poète, qui avait enchaîné la mise en scène de son film *Orphée* et le montage des *Enfants terribles*, était épuisé. Francine l'invita, ainsi qu'Édouard Dermit dit « Doudou », son fils adoptif et le partenaire de Nicole Stéphane dans le film, à venir se reposer une semaine dans sa propriété du cap Ferrat – Santo Sospir – que mes parents avaient achetée peu après la fin de la guerre. En fait d'une semaine, Francine, Jean et Doudou y restèrent près de six mois sans presque revenir à Paris, sauf au mois de juin pour le ballet *Phèdre* monté à l'Opéra de Paris. Jean Cocteau, ne pouvant rester inactif, se mit à tatouer de fresques tous les murs blancs et nus de la villa. Lorsque je découvris le nouveau Santo Sospir, je venais d'avoir neuf ans. Peu à peu se tissa entre celui que j'appelais Monsieur Cocteau, Francine, Doudou et moi les liens indissolubles d'une famille de cœur. Vinrent s'y ajouter deux ans plus tard Émilienne, la plus jeune sœur de Doudou, de trois ans mon aînée, et le héros de mon enfance : Jean Marais, que tous appelaient Jeannot et que moi je n'osais nommer tant j'étais impressionnée par son statut d'acteur. Mon père Alec n'était en rien exclu de cette famille, mais il vivait la plupart du temps à Paris et ne venait que rarement au cap Ferrat.

Durant les treize années qui lui restaient à vivre, Jean Cocteau passa souvent plus de la moitié de l'année à Santo Sospir, où il ne cessa de travailler : après avoir tatoué les murs de la villa, il s'attaqua à ceux de la chapelle de Villefranche, puis à ceux de la salle des mariages de Menton, à la chapelle de Milly-la-Forêt ainsi qu'à la conception d'un théâtre de plein air au cap d'Ail. Il s'initia également à la poterie et à la peinture à l'huile. Ma mère transforma une serre attenante à la maison en atelier : Jean, Francine et Doudou y avaient chacun leur chevalet. Le travail manuel n'empêchait nullement Cocteau d'écrire des poèmes, des pièces de théâtre, des essais, des scénarios de films, sans oublier les préfaces qu'on lui demandait sans cesse et les innombrables lettres auxquelles il répondait personnellement chaque jour. Jamais je n'ai vu le poète oisif ; même lorsque qu'il venait nous rejoindre pour déjeuner sur le bateau, il écrivait ou dessinait. À propos de sa vie à Santo Sospir, il disait : « Ce matin je pensais à notre vie au Cap (Ferrat). Quelle ne serait pas la surprise des gens s'ils possédaient le privilège du Diable boiteux. Ils verraient une manière de cloître où chacun besogne, où jamais l'amour, la tendresse ne relèvent de la sexualité, où les cœurs n'ont pas de complexes. Ils se demandent si ce phénomène inhabituel ne cache pas quelque chose. Il m'arrive à moi-même de m'étonner par exemple du genre de vie que mène Doudou qui n'a aucun rapport avec son âge et sa force... de Francine, Doudou et moi. Ce n'est pas par habitude. C'est que cela nous plaît. »

Jean Cocteau, tout en travaillant comme un forcené, se mêla quelquefois à la vie mondaine de la Côte d'Azur, fréquentant ses amis de toujours comme Picasso, Matisse, Bernard Buffet, les Auric, Francis Poulenc, la princesse Agha Khan, le prince Ali Khan, les Clouzot, André Dubois, Carmen Tessier, un dominicain, le père Bernardet... Il présida aussi à trois reprises le Festival de Cannes, avant d'y être président d'honneur à vie.

Ces années furent ponctuées de nombreux voyages : en Grèce, en Italie, en Sicile, en Espagne, en Allemagne, en Suisse, en Autriche, en Belgique où il fut nommé à l'Académie royale belge, à Oxford en Angleterre où il fut reçu comme docteur *honoris causa*, à Londres où il décora une chapelle à l'intérieur de Notre-Dame-de-France. Il se déplaça aussi beaucoup à l'occasion des tournées théâtrales de ses pièces, notamment pour *La Machine infernale* au festival de Baalbek au Liban, sans oublier les petits déplacements en Provence, à Vallauris, à Nîmes, en Arles pour assister aux corridas en compagnie de la famille Picasso.

À Paris, Jean et Doudou, bien qu'habitant rue Montpensier, venaient presque tous les soirs chez nous ; ma mère passait ses week-ends à Milly où Jean avait sa maison de campagne. Pas une première de théâtre, un dîner en ville, un voyage où Jean et Doudou n'étaient accompagnés de Francine. C'est elle qui organisa à la maison les réceptions pour la remise de son épée et pour son élection à l'Académie française.

Celui qui disait qu'« il n'y a pas d'amour mais des preuves d'amour » m'en donna tous les jours : « Monsieur Cocteau » était attentif aussi bien à mes problèmes de jeune fille qu'à mes études, mes lectures, ou à mes rapports avec mes parents. Il était d'une générosité rare ; pour tous nos anniversaires, tous les Noëls et même quelquefois sans une occasion spéciale, il nous comblait, ma mère et moi, de dessins, de poèmes, de livres dédicacés… Il lui aurait été impossible de vivre auprès d'une personne pour laquelle il n'éprouvait pas une amitié sans borne et ayant « le sens du tien et du mien », aimait-il à répéter. Les rapports entre les membres de cette famille de cœur furent très exceptionnels, seule l'amitié haussée au niveau d'un amour totalement désintéressé en fut le moteur.

Quarante ans après le départ de celui que j'ai considéré comme un deuxième père, j'ai retrouvé, au gré d'un déménagement de mes parents, photos, croquis, dessins inédits, poèmes et lettres adressés à ma mère par son cher poète.

En publiant ces précieux souvenirs, je voudrais rendre hommage à Francine, grâce à qui j'ai eu cette chance inouïe de vivre mon enfance et mon adolescence auprès de Jean Cocteau et de ses amis connus ou inconnus qui m'ont faite ce je suis aujourd'hui.

Carole Weisweiller

Juin 2003

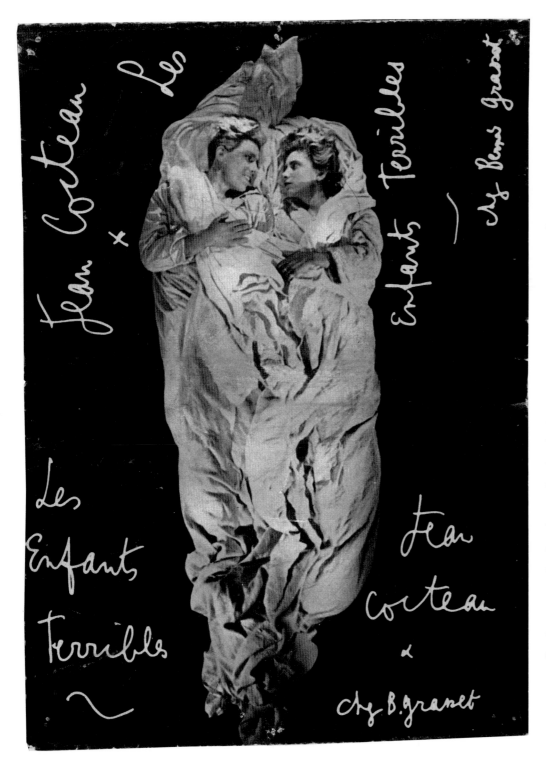

Le roman *Les Enfants terribles*, que Jean Cocteau écrivit en 1929, fut mis en scène par Jean-Pierre Melville, au début de l'année 1950. Nicole Stéphane y jouait le rôle d'Élisabeth, Édouard Dermit celui de Paul, Renée Cosima le double rôle de Dargelos et d'Agathe, enfin Jacques Bernard celui de Gérard. Jean Cocteau, qui avait fait l'adaptation et écrit les dialogues, assista à la totalité du tournage et du montage. Sa collaboration avec le metteur en scène était parfois difficile… Le poète aurait souhaité que le film se termine comme sur cette photo : Paul et Élisabeth, enveloppés du même drap, montent au ciel après leur mort. Mais Jean-Pierre Melville en décida autrement : le film s'achève sur les paravents qui s'écroulent.

MELVILLE
Productions

S.A.R.L. AU CAPITAL DE 5.000.000 DE FRANCS — 18, RUE D'ENGHIEN PARIS 10e — TÉLÉPH. : PRO. 15-21

Vendredi 30 Décembre 1949

Me permettez vous de dire "ma chère amie" ?

Je vous écris en cachette de Jean-Pierre -- sorte
jonquois. Je sais que vous garantissez la bonne
finition du film. Or les vacances l'empêchent (melville)
de joindre le gaumont pour la paye de nos
ouvriers (cinq cent mille frs -). Vous connaissant, j'estime
que vous pourriez lui être secours s'il vous arrivait
de gaumont une lettre par suite d'arrêt du travail.
Comme vous avez eu la gentillesse de me demander de
vous prévenir s'il arrivait le moindre obstacle - j'estime
que mon double devoir amical m'oblige à vous
écrire malgré melville qui préfère subir une
catastrophe ridicule plutôt que de s'adresser à
vous. Cela me semble si fou et si peu simple - que je
prends sur moi de passer outre.

Du fond du cœur à vous   Jean Cocteau

DERNIÈRES PRODUCTIONS : LE SILENCE DE LA MER - LES ENFANTS TERRIBLES

R. C. SEINE 317.679 B — CARTE PR. N° 291-4035 — CARTE P.S. N° 114.1117

Ces dessins, réalisés au moment de la parution du livre en 1929, ressemblent déjà étrangement aux futurs acteurs Nicole Stéphane et Édouard Dermit, qui n'étaient encore que des enfants. Le même phénomène s'était produit avec Jean Marais : Cocteau avait fait son portrait bien avant de le rencontrer. C'est dans *Le Silence de la mer*, le premier film de Jean-Pierre Melville, que Cocteau vit pour la première fois Nicole Stéphane : il reconnut en elle son héroïne.

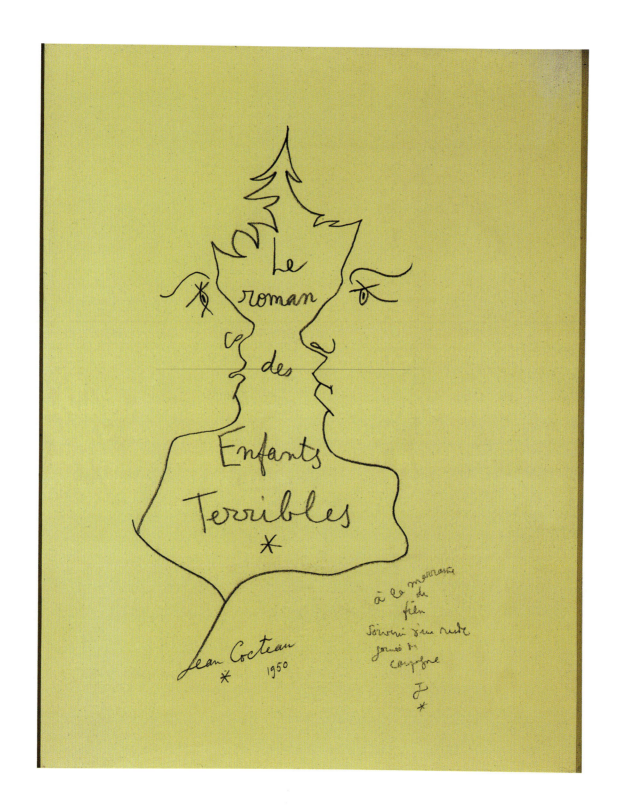

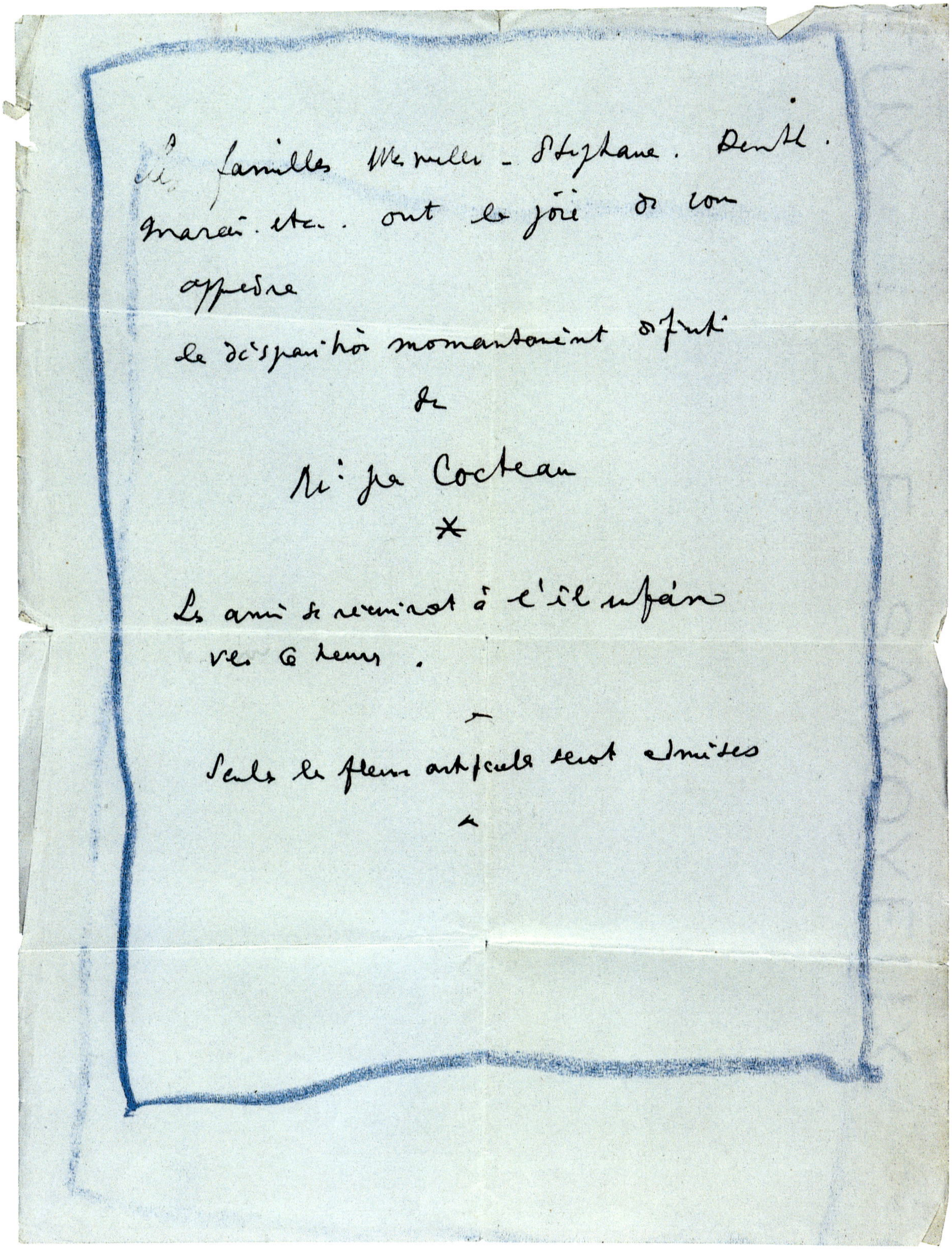

Les familles Maurelles - Stéphane. Denth. Marais. etc... ont la joie de vous apprendre

la disparition momentanément définitive

de

M. Jean Cocteau

✶

Les amis se réuniront à l'Église supérieure vers 6 heures.

Seules les fleurs artificielles seront admises

Dans l'escalier de l'hôtel particulier de mes parents, place des États-Unis, où ont été tournées quelques scènes du film, on reconnaît (de gauche à droite) : Jean-Pierre Melville, Renée Cosima, mon père Alec, Francine, Cocteau. Au premier plan : Jacques Bernard, Nicole Stéphane, Édouard Dermit.

SANTO SOSPIR

« Je ne connais rien de plus élégant que la petite cage d'où votre cœur me parle. »

Pendant la guerre, alors que nous étions à Cannes, mon père avait promis à sa femme que, s'ils sortaient sains et saufs de l'Holocauste, elle aurait la maison de ses rêves. En 1946, mes parents achetèrent, à la pointe du cap Ferrat et surplombant la baie de Villefranche, la villa Santo Sospir. Jusqu'à la venue du poète, en 1950, Santo Sospir était une maison de vacances aux murs blancs. Après le tournage et le montage des *Enfants terribles*, Francine invita Jean Cocteau et Édouard Dermit à venir se reposer une petite semaine. Ne pouvant supporter longtemps l'oisiveté, Jean demanda à Francine l'autorisation de dessiner sur le mur situé au-dessus de la cheminée du salon. Ainsi, de fil en aiguille, durant six mois, il s'installa sur des échelles et dessina au fusain, à même le mur, sans maquette préalable ; il rehaussa ensuite ses lignes de couleurs à l'aide d'une poudre délayée dans du lait cru que lui préparait un vieil ouvrier italien : « Le silence de ces murs était terrible et même ils criaient leur silence à tue-tête. [...] Peindre sur ces murs était remplacer un vacarme par un autre, je décidai de m'y prendre avec prudence, de dessiner de telle sorte que la ligne robuste devient à distance une ligne légère comme inscrite dans un album. » Matisse lui avait dit : « Quand on décore un mur, on décore les autres. » C'est ce qu'il fit ; mais les portes donnaient dans les chambres, les chambres ont des murs et si les portes sont peintes, les murs ont l'air vides. « Il ne fallait pas habiller les murs, il fallait dessiner sur leur peau, c'est pourquoi j'ai traité les fresques linéairement avec le peu de couleurs qui rehaussent les tatouages : Santo Sospir est une villa tatouée. » Jean Cocteau réalisera lui-même en 1951 un film sur la villa, intitulé *Santo Sospir* et tourné en Kodachrome 16 millimètres (le seul film en couleurs du poète).

Durant les treize années que Cocteau passa auprès de ma mère, Santo Sospir fut pour moi la maison du bonheur où je découvris la vraie vie de famille. Tandis que le poète écrivait dans sa chambre, dessinait et peignait dans le salon, puis dans l'ancienne serre de fleurs que ma mère avait transformée pour lui en atelier, Francine et Doudou, ne pouvant rester inactifs devant ce travailleur acharné, y plantèrent eux aussi leur chevalet ; Émilienne et moi, encore petite fille et adolescente, profitions pleinement de nos vacances magiques à Santo Sospir : baignades en bas de la maison, parties de pétanque acharnées, promenades en bateau à bord de l'*Orphée II* sur lequel venaient nous rejoindre pour le déjeuner Jean Cocteau, ma mère et Doudou. Quelques amis fidèles rendaient visite au poète, sans aucun esprit de mondanité.

La terrasse

Scène pour un petit film d'amateur : Francine dans le rôle de la reine avec Cocteau derrière elle.

Jean et Francine descendant l'escalier allant de la terrasse au jardin.

En haut, à gauche : Jean nous sert un cocktail de sa composition, jus de fruit, gin, avec un doigt d'angustura, une recette qu'il avait prise dans un livre de Peter Cheney. Au fond, Émilienne Dermit.

La peinture

Francine peignant dans le salon.
Jean fait son portrait en train de se peindre.

Francine immortalisée par Jean et Doudou

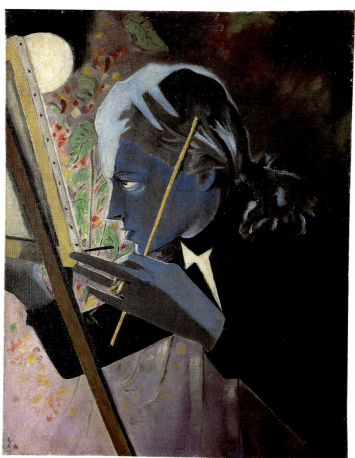

Ma mère, dessinée par Cocteau ; pour rire, Jean l'avait surnommée « la Marquise, en proie au lierre » car elle avait une passion pour le lierre ! Quant à Doudou, c'était « le Marquis ».

Portrait du haut réalisé par Jean Cocteau, celui du bas par Édouard Dermit

L'atelier

Jean dans l'atelier devant son autoportrait.

La chambre de Francine, dite « chambre de Diane » :
Actéon est transformé en cerf sous le regard
de deux nymphes (au moment de la photo,
la fresque n'était pas achevée).

Page ci-contre :
La chambre du poète, dite « chambre des boucs »
ou « chambre des sages ».
Face aux lits un « chèvre-pied » tient dans la main une
fougasse, pain traditionnel de Biot. Au-dessus de la table sur
tréteaux sont punaisées des photos de Picasso,
de Mel Ferrer, d'Audrey Hepburn... des lettres,
pense-bête, porte-bonheur...

Les fresques

Les murs de la salle à manger, qui faisait suite au salon, étaient recouverts de cannisses avec au fond la tapisserie représentant *Judith et Holopherne* : un carton exécuté à Milly-la-Forêt par Jean Cocteau en 1948, tissé dans les ateliers Bouret à Aubusson. Les meubles en bambou proviennent de Java et Sumatra, ils ont été achetés par Francine à sa grande amie Madeleine Castaing, antiquaire et décoratrice célèbre de la rue Bonaparte.

Les murs

Salon : au-dessus de la cheminée, tête d'Apollon avec de chaque côté un pêcheur de Villefranche.

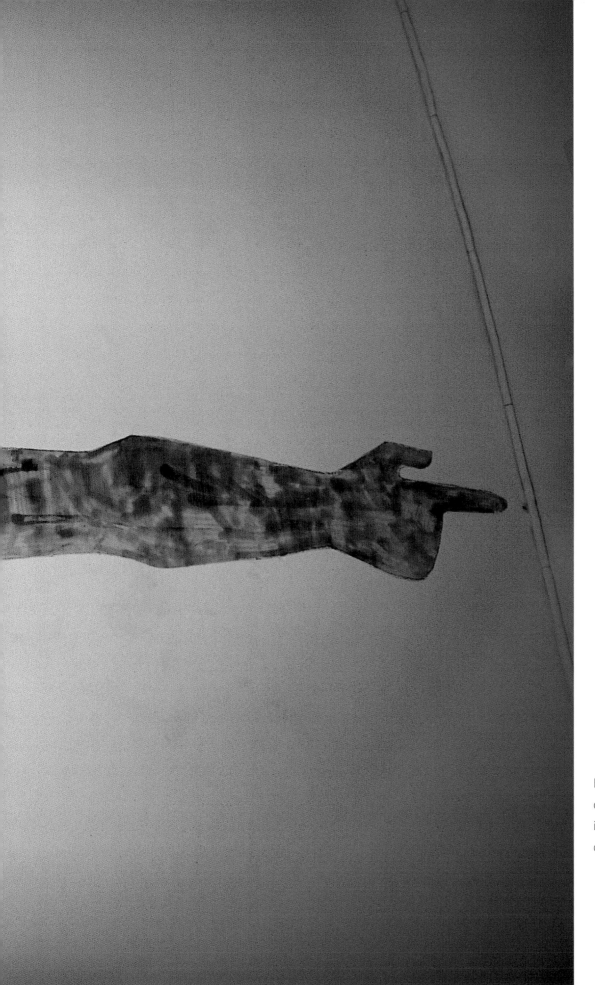

Fresque située au bas
de l'escalier : un grand Noir
indique le chemin
des chambres à coucher.

Jean Cocteau dans l'atelier attenant à la maison ; sur le panneau au-dessus de lui, un chiffon pour essuyer les pinceaux des « artistes » (Jean, Francine et Doudou).

Page ci-contre :
La tapisserie de « la mère et la fille » a été réalisée d'après ce fameux chiffon sur lequel le poète avait dessiné, parmi les taches de peinture, deux visages : peut-être ma mère et moi ? Cocteau donna la pièce de tissu comme modèle aux dames d'Aubusson. Il leur fallut cinq ans pour concevoir ce petit chef-d'œuvre.

La famille

Dans le salon de Santo Sospir, Jean Marais dit « Jeannot » montre l'une de ses toiles à Cocteau et Doudou. C'est grâce à Jean Marais que Jean Cocteau, qui avait dessiné toute sa vie, s'adonna, dans les années 1950, à la peinture à l'huile.

Jean Marais en compagnie du poète, de ma mère et de mon père Alec Weisweiller, industriel et propriétaire de chevaux de course.

« La Marquise » et « le Marquis » (Francine et Doudou) coiffés du même galure.

Jean, en présence de ma mère, de Doudou et d'Isa Miranda – une actrice mexicaine qui avait joué *Anna la Bonne*, au théâtre Mogador à Paris. Elle était venue accompagnée de Maurice Bessy, patron de la fameuse revue *Cinémonde*.

Sur la terrasse, Jean est entouré (de gauche à droite) du père Bernardet, d'Édouard Dermit, André Dubois – préfet de police du général de Gaulle – et, un peu en retrait, sa femme, la chroniqueuse de *France-Soir*, Carmen Tessier dite « la Commère », Henri-Georges Clouzot et Francine.

Les amis

Jean et la reine Marie José d'Italie, fille de la reine Élisabeth de Belgique, mariée à Umberto d'Italie, roi en exil.

Les amis

Francine, entre le jeune Yves Saint Laurent et Pierre Bergé. La famille avait connu Pierre lorsqu'il vivait encore avec Bernard Buffet ; nous faisions souvent des séjours chez eux à Château-l'Arc près d'Aix-en-Provence. Lorsque Pierre et Bernard se séparèrent, Bergé nous présenta un tout jeune couturier qui venait d'entrer comme modéliste chez Dior : Yves Mathieu Saint Laurent ; ma mère fut sa première cliente.

Dîner à Nice :
Francine, Bernard Buffet, Doudou.

Jean et Mme Ramié, de Vallauris,
chez qui Picasso créa toutes ses poteries.

Les Picasso

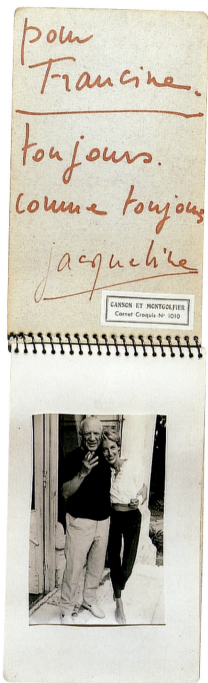

Page ci-contre :
Photo truquage de Harod : Picasso en roi nègre

Picasso, dont Cocteau disait qu'il lui avait appris à courir plus vite que la beauté, fut l'ami, le complice de ces années Francine : le poète lui écrivait presque tous les jours. Il ne se passait pas une semaine sans qu'il aille rendre visite au peintre, d'abord à Vallauris, puis dans sa villa La Californie située sur les hauteurs de Cannes, celle de Mougins, Notre-Dame-de-Vie, enfin dans les dernières années de la vie de Jean Cocteau à Vauvenargues... La famille Cocteau-Dermit-Weisweiller et la famille Picasso – composée du maître, de sa femme Jacqueline, de Catherine, fille de Jacqueline, de Claude et Paloma, les enfants qu'il eut avec Françoise Gilot, et de Paulo, son fils aîné, accompagné de sa femme Christine – se déplaçaient en troupe pour aller aux corridas de Vallauris, d'Arles, de Nîmes ou, de temps en temps, pour faire de petites escapades à Saint-Tropez. Parents et enfants des deux familles étaient inséparables (jusqu'à la rupture entre Claude et Paloma et leur père).

Ci-dessus : Francine, Jean et Picasso dans l'atelier-salon de Notre-Dame-de-Vie à Mougins. Toutes les pièces des différentes maisons de l'artiste se ressemblaient : des caisses servaient de sièges, les tables étaient couvertes de livres et de toiles. Picasso ne s'encombrait pas de la décoration. Tel Cadet Roussel, l'artiste possédait plusieurs maisons, il ne vendait jamais rien ; lorsqu'une pièce ou une maison était pleine de toiles, Picasso changeait de lieu !

Les Picasso

Tournage du film *Le Mystère Picasso* au studio de La Victorine, durant une pause : aux côtés de Cocteau, Picasso et Henri-Georges Clouzot.

Photo d'amateur (de gauche à droite) : Pablo, Jacqueline, Francine, John Richardson (écrivain américain, spécialiste de Picasso) et moi.

« Picasso est le seul homme qui se serve du génie comme intelligence. C'est pourquoi il a souvent l'air de se contredire et de procéder par grandes boutades. Il est, comme le poète, le type du prisonnier qui cherche à démolir sa prison[1]. »
Pablo, Francine, Jacqueline et Jean.

Les Picasso

« Picasso a pris toutes les places au bord de tous les trottoirs et sur tous les trottoirs. Il en avait oublié une petite. J'y pose mon hélicoptère[2]. »

Cocteau décrivait Picasso en ces termes : « Il est très petit avec des pieds et des mains charmantes, des yeux terribles dont les vrilles s'enfoncent à l'extérieur et à l'intérieur. L'intelligence gicle de lui comme l'eau de la pomme d'un arrosoir. Il arrive que l'on prenne froid sous cette douche[3]. » Après un déjeuner chez Picasso, Jean écrit à Francine restée à Paris : « Déjeuner chez les Picasso. On a beaucoup parlé de toi avec tendresse. Et Jacqueline avait acheté certaines fleurs à Cannes pour les mettre sur la table parce qu'elles te ressemblaient (ou t'évoquaient). Cela m'a touché le cœur. »

OHé → OHé → Francine

Plus que jamais pour moi tu es semblable à la "Dame" du film où Jean et J'ajoute cette méconnaissance de "tu casa" ce qui te rend + lointaine et te fait évoluer dans mon imagination dans d'immenses et innombrables salons lambrissés où même le regard n'ose s'aventurer tant les parquets brillent.

Madame, Je vous ai

appelée un jour pour vous dire – Bonjour. comment vas-tu ?.. Puisque tu étais sortie j'ai conclu facilement que tu allais bien. ce qui me réjouit très fort. Samedi je t'ai appelée à nouveau pour te dire que nous étions tristes et que vous aussi le seriez – car Paco Muñoz est mort subitement? en Arles. le samedi matin –
Voilà. Pablo est magnifique Il pleut. Je t'embrasse Jacqueline

Lettre de Jacqueline Picasso à Francine

Travail de Cocteau

Sur un échafaudage, Jean casse la croûte avec un ouvrier travaillant à la chapelle.

En souvenir de ses années de jeunesse passées au fameux hôtel Welcome, Jean Cocteau, après avoir tatoué les murs de la villa Santo Sospir en 1950, rêvait de réhabiliter la chapelle Saint-Pierre de Villefranche. Cette chapelle primitivement destinée aux mariages princiers servait depuis plus d'un siècle d'entrepôt pour les pêcheurs. Il fallut sept ans de luttes pour que ceux-ci acceptent de retirer leurs filets. Grâce à l'aide d'un Belge, Albert Laurent, adjoint au maire, les clés furent enfin remises au poète à la fin de l'année 1956. Il écrit à Francine restée à Paris : « Chaque soir vers six heures je grimpe sur mes échafaudages et je décide des traits définitifs. Si j'arrive au bout de la besogne,

à la chapelle de Villefranche, 1957-1958

la chapelle sera merveilleuse et il n'existera rien de pareil dans notre pauvre monde. » Travaillant d'arrache-pied à l'élaboration des fresques de la chapelle Saint-Pierre, il explique encore à ma mère : « Je rentre de la chapelle où nous avons établi les dessins d'architecture. [...] C'est admirable et tu seras la marraine d'un lieu vraiment exceptionnel. Le Christ décapé, déposé par les ouvriers dans une brouette pleine de sacs, est devenu un objet sublime et digne du Bernin. Il faudrait que le chanoine me le laisse et ne l'emporte pas à l'église. » Contrairement aux fresques de Santo Sospir où Cocteau dessina à même le mur, il projeta ses dessins dans la chapelle à l'aide d'une lanterne magique.

Jean en bleu de travail, au côté de Giovanni le tailleur de pierre, pour la construction de l'autel de la chapelle de Villefranche. La scène se passe à La Turbie (entre Nice et Menton).
À ce propos, dans une lettre, Jean confia à Francine : « Excuse ce papier, mais j'écris dans ma chambre et j'ai la paresse de monter prendre un bloc. Le vrai bloc, c'est le cœur, taillé d'une pièce, comme l'autel de La Turbie et pesant plusieurs tonnes d'amour. »

Saint Pierre marchant sur les eaux, soutenu par un ange. Pêcheurs et poissons s'étonnent du miracle.

Hommage aux demoiselles de Villefranche.
Ces dessins ont été exécutés pour un livre de lithographies de Jean Cocteau,
d'après les fresques de la chapelle de Villefranche.

Sur le mur de droite : En hommage aux gitans des Saintes-Maries-de-la-Mer (d'après une photo de Lucien Clergue), Jean avait fait mon portrait (la fillette au foulard) : « Comme jadis les princes commandaient un concerto ou un quatuor, j'ai fait le portrait de mademoiselle Weisweiller les regardant devant une roulotte puisque madame Weisweiller m'a tout le temps soutenu par son amitié et sa gentillesse. »
Je suis également marraine de la cloche !

Menton

« Le plaisir de tatouer des murs me rendait heureux pour écrire. Je dois avoir des ouvriers du bâtiment parmi mes ancêtres. Dès que j'endosse le bleu de travail et change mes souliers pour des espadrilles, je me retrouve, je vole, je ne tiens plus que par un fil à la terre. » Après la chapelle de Villefranche, le maire de Menton, M. Francis Palmero, demanda au poète de décorer la salle des mariages de sa mairie. Cocteau s'inspira de boucliers, tambours et masques africains pour ses dessins de volutes ; c'est ainsi qu'il remplaça les taches de couleur par un méandre anatomique, sorte de labyrinthe linéaire, habillant cette salle des mariages dans le style des palais de Crète.

Eurydice soutenue par deux femmes.

Jean et Francine signent le livre d'or en compagnie de F. Palmero.

Après Menton, ne voulant pas être en reste, le maire de Milly-la-Forêt, où Jean possédait une maison, le supplie de s'attaquer à la chapelle de Saint-Blaise-des-Simples, juste à la sortie du village. Jean ne peut pas refuser. Il enchaînera avec Londres où l'ambassadeur de France et un révérend père jésuite lui demandent de décorer une petite chapelle dédiée à la Vierge au sein de Notre-Dame-de-France. En 1961, le poète réalise sur la commande du directeur du Centre méditerranéen du cap d'Ail réservé aux étudiants franco-allemands, un théâtre grec en plein air. Ce centre symbolisait la réconciliation des deux peuples.

Ce fut l'un de ses derniers travaux d'artisan sur le terrain. Il conçut également les maquettes pour Notre-Dame-de-Jérusalem dans le domaine de la tour de Mare à Fréjus, mais il quitta ce monde avant de pouvoir les exécuter. Outre le dessin, la peinture, l'architecture, Jean Cocteau s'enthousiasma aussi pour la poterie. Il travailla d'abord à Vallauris avec les potiers de Picasso : les Ramié. Puis il rencontra de merveilleux artisans potiers, les Madelines-Jolly, qui vivaient et travaillaient au-dessus de Villefranche ; ils prirent en quelque sorte l'exclusivité des créations en terre cuite du poète.

Jean Cocteau : artisan

Jean, accompagné de Francine, Doudou, Émilienne et Carole, explique à l'artisan potier ce qu'il souhaite.

Cocteau à la verrerie de Biot,
avec la famille au grand complet : Doudou est caché par le bras du verrier.

Festival de Cannes

En tant que président du jury du Festival en 1953, 1954 et 1957, Jean Cocteau décerna successivement le grand prix au film japonais *Les Portes de l'enfer*, au *Salaire de la peur* réalisé par son ami Henri-Georges Clouzot, et au film de Robert Bresson *Un condamné à mort s'est échappé*. En 1959, c'est en sa qualité de président d'honneur (Marcel Achard présidait alors le jury) qu'il s'est battu pour que le tout jeune réalisateur François Truffaut obtienne pour *Les 400 Coups*, son premier long-métrage, le prix de la mise en scène.

Cocteau descend les marches du Palais en compagnie de Georges Simenon et de sa femme.

Inauguration de la salle Jean-Cocteau : Robert Favre Le Bret montre le chemin au président, suivi de ma mère et de Philippe Erlanger, écrivain et historien célèbre.

«Déjouer les intrigues – faire l'idiot – sourire – donner des autographes – parler à la radio et à la télévision – déjeuner avec le maire et les nations participantes, voilà mon travail. En outre revoir des films le matin, l'après-midi, le soir et parfois à une heure du matin. Je me demande comment j'arrive à tenir debout. Mais si je n'étais pas là on laisserait triompher les combines[4]. »

Picasso et Jacqueline s'apprêtant à monter les marches pour la projection du *Mystère Picasso*, présenté à Cannes en 1956. Le film obtint le prix spécial du jury, qui fut décerné à l'unanimité.

Le bateau

En avril 1951, Francine, adorant la mer, acheta un voilier de dix-sept mètres que Jean baptisa *Orphée II* – car nous avions déjà eu un petit bateau à moteur nommé *Orphée*. Il en dessina le pavillon. La famille aimait naviguer : Jean, Doudou et Francine ont poussé la voile jusqu'en Grèce, en Italie, en Corse... Cocteau avait une prédilection pour les ports de Portofino et de Portovenere, Bonifacio en Corse, ainsi que pour les îles de Port-Cros et Porquerolles. C'est d'ailleurs au cours d'un de ces petits voyages en bateau que le poète commença à écrire sa pièce *Bacchus* qui provoqua le scandale que l'on sait. Malheureusement, ces croisières avaient lieu en juin, lorsque j'étais encore à l'école. Tout l'été nous naviguions autour du cap Ferrat : de Villefranche à Beaulieu ; nous jetions l'ancre devant la plage de Paloma ou dans une petite crique située dans la baie de Villefranche, surnommée la « baie du Prince » par le poète, en raison de sa proximité avec la villa du prince Rainier. Jean, maman et parfois Doudou venaient en youyou nous rejoindre pour le déjeuner préparé de main de maître par notre marin Jeannot, plus doué pour la cuisine que pour la mer ! Même par gros temps, la famille n'avait pas le mal de mer. Jean écrivait ou dessinait sur ses genoux. Ne sachant pas nager, il aimait se tremper à l'échelle.

Les corridas

Vallauris, Arles, Nîmes, les déplacements avec la famille Picasso prenaient des allures d'expédition : Picasso, Jacqueline et les enfants s'entassaient dans la vieille Hispano Suiza millésimée de l'artiste, conduite la plupart du temps par son fils Paulo, tandis que nous voyagions dans la superbe Bentley grise conduite par le chauffeur Fernand ou Zézé (selon l'époque). Nous traversions l'Estérel ; nous nous arrêtions sur la route dans un petit restaurant que ces messieurs avaient découvert, où l'on mangeait des écrevisses dont ils étaient très friands. En Arles, nous logions à l'hôtel Jules César jugé plus confortable par ma mère tandis que les Picasso – comme les toreros – séjournaient à l'hôtel Nord Pinus. À Nîmes, et pour le plus grand bonheur des enfants, nous vivions tous dans le même hôtel du Cheval blanc. Puis vinrent très vite se greffer à notre bande des jeunes de la région ; ainsi, Lucien Clergue, photographe arlésien encore inconnu, devint intime des deux familles, tout comme l'un de ses camarades d'école, Jean-Marie Magnan, romancier encore débutant qui allait servir

Jacqueline Picasso, Francine, Pablo, Carole (à 12 ans) et Émilienne.

Dîner au château de Castille à Fouques, près du pont du Gard, chez Douglas Cooper (en bout de table), grand collectionneur américain d'art contemporain (Picasso, Braque, Fernand Léger, Juan Gris...). De droite à gauche depuis le fond : Picasso, Francine, Cocteau, Michel Leiris ; de dos : Jean Hugo ; de l'autre côté de la table : Loretta Hugo, Zette Leiris, Jacqueline Picasso.

de scribe au poète pour la transcription de son manuscrit *La Corrida du premier mai*, et enfin le plus célèbre torero des années 1950 : Luis Miguel Dominguin et sa femme, l'actrice Lucia Bose.

Le soir, nous nous retrouvions après la course pour aller dîner chez Douglas Cooper au château de Castille près du pont du Gard ou bien nous allions écouter du flamenco à l'hôtel Forum en Arles ; c'est ainsi que nous avons découvert, grâce à Lucien Clergue, un jeune chanteur inconnu, Manitas de Plata. Dans les arènes, nous étions placés au premier rang à l'ombre et à gauche de la présidence ; devant nous s'étalaient comme des offrandes les capes rutilantes des toreros. *Aficionados*, le cœur battant, toujours ponctuels, nous attendions le *paseo*. Les toreros venaient les uns derrière les autres « brinder » leur meilleur taureau à Picasso et à Cocteau. Jean m'a fait aimer la corrida, il nous l'expliquait : « En réalité, il n'y a ni lutte, ni duel entre l'homme et la bête, mais la formation d'un couple isolé par le silence d'une double hypnose, unifié par la mise en œuvre d'un sacrement ancestral sur lequel aucune règle n'a plus prise. » Il ajoutait : « La haine est absente d'une corrida. N'y règnent que la peur et l'amour. [...] On remarque, en outre, avec quelle curieuse volupté le couple de la bête et de l'homme s'enroule, se frôle et se caresse[5]. » Je devins une véritable *aficion* lorsque pour la première fois je vis dans les arènes le beau et séduisant Luis Miguel Dominguin. Il accomplit en Arles, en 1956 ou 1957, une de ses plus belles courses. La présidence lui accorda les deux oreilles et la queue : récompense rare !

Jacqueline, Maman, Pablo et Carole ;
la photo, ci-contre, servit de modèle à Cocteau pour ce dessin.

Les corridas

Cocteau et Picasso coiffé de la *montera*.

Jacqueline, Picasso, avec derrière lui sa fille Maya, Claude, Carole.

72 COCTEAU, LES ANNÉES FRANCINE

Les corridas

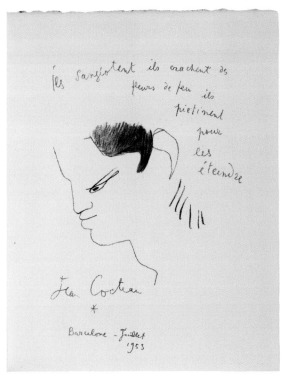

Jean et Luis Miguel Dominguin avant une corrida.

Curro Romero

Jean Cocteau 1962

Les corridas vues par Jean Cocteau

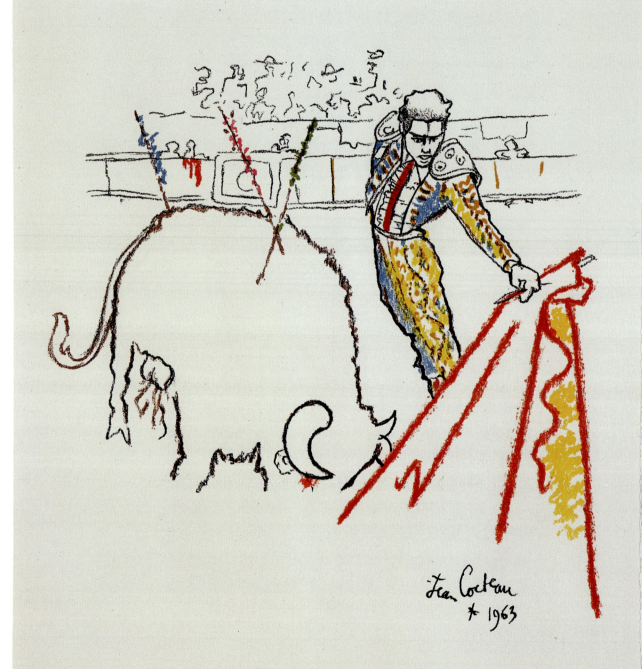

... et par Picasso

LES VOYAGES

Francine, dite « la Marquise », savait voyager ! Elle était préposée à l'organisation : réservation d'hôtels, de trains ou d'avions, etc. Nous suivions... Le seul sujet de discorde, c'était l'heure : Francine et Doudou étaient toujours en retard, Jean toujours en avance ! Ma chère mère ne voyageait jamais léger : les valises de robes et d'objets s'entassaient sur les chariots des porteurs. Maman recréait dans chaque chambre d'hôtel son univers familier, même l'odeur de la tubéreuse mélangée à celle de la lampe Berger était présente ! Le mois de juin était consacré aux croisières sur l'*Orphée II*. À Pâques, en juillet ou en août, nous participions souvent aux déplacements de la famille en Italie ou en Espagne. Beaucoup de leurs voyages – Jean partait très rarement sans Francine – étaient motivés par le travail du poète : tournées théâtrales, expositions, hommages, comme en Allemagne pour *Bacchus*, au Liban pour une tournée de *La Machine infernale*, à Bruxelles pour *La Machine à écrire* ou encore pour sa nomination à l'Académie belge, en Angleterre lorsqu'il fut reçu docteur *honoris causa* à Oxford, à Cadix, etc.

L'hiver, avec la complicité du médecin, ma mère avait obtenu du poète qu'il prenne le bon air des cimes : à Saint-Moritz à l'hôtel Suvretta, jugé plus paisible par la famille que l'hôtel Palace, trop mondain ! En 1954, nous abandonnâmes Saint-Moritz pour Kitzbühel en Autriche ; Francine y tomba très malade et faillit même nous quitter définitivement. L'hiver suivant, nous avons repris le chemin de l'Engadine.

Vacances ou non, Jean Cocteau écrivait partout où il se trouvait. Lorsque mon père venait nous visiter, Jean et lui adoraient se raconter des histoires drôles, et inventer des couples célèbres comme le jeune Élie qui épouse la fille Coptère ou la petite Kara qui rencontre le beau Melmou... Merveilleux souvenirs de fous rires, même lorsque nous étions dans des lieux dits culturels : musées, églises, palais, tout était prétexte à plaisanteries et à calembours. Jean Cocteau, dans un musée, allait directement à l'essentiel, piquant sur le tableau, sur l'objet important comme un aigle sur sa proie.

L'Espagne

Francine, Jean et Carole.

Le premier voyage de la famille en Espagne eut lieu en juillet 1953, malheureusement sans moi. Il fut suivi de beaucoup d'autres : feria de Séville, Madrid très souvent avec les visites au Prado et à l'Escurial, Tolède, Cadix, Jerez de la Frontera, Cordoue, Grenade, Marbella... Lors du premier voyage, l'*Orphée II* était censé les rejoindre à Barcelone, mais n'arriva jamais. Ils se consolèrent en faisant une orgie de corridas. Cocteau raconte dans son journal : « Si l'avant-dernière course était un drame, celle d'hier était une tragédie magnifique. Toreros roulés, pantalons déchirés réparés avec des épingles anglaises, taureaux énormes pareils à ces machines de guerre imaginées par Léonard, boléros bardés d'or et d'argent, matador porté en triomphe par les jeunes spectateurs de la course. On a même applaudi un picador, ce que je n'avais jamais vu[6]. » Quelques jours plus tard, ce fut une corrida à cheval : « Si on n'a pas vu ce spectacle on ne peut en imaginer l'élégance. Ce cheval de Velázquez, ce cavalier qui le commande par les genoux, ces voltes et cette fuite en flèche à la minute où le taureau fonce[7]. » Jean, maman et Doudou n'eurent pas de mal à adopter les heures espagnoles de repas, il nous arrivait même de déjeuner ou de dîner encore plus tard que les Espagnols ! La famille s'était faite, au pays de Don Quichotte, de très bons et fidèles amis comme Luis Escobar, grand d'Espagne que Cocteau appelait Don Luis ; il ressemblait d'après lui au portrait peint par Le Greco dans *L'Enterrement du comte d'Orgaz*. Il était entre autres metteur en scène de théâtre ; il nous a toujours reçus somptueusement et chaleureusement. Edgard Neville, écrivain et traducteur de Cocteau en espagnol, adorant « les femmes et la bouffe ». Jean disait de lui qu'il ouvrait toutes les portes avec son ventre tant il était gros. Utrillo, journaliste chroniqueur littéraire et sportif au journal *ABC*, parent par alliance du peintre, Duarte Pinto Cuello, décorateur ; les Puig, famille merveilleuse, passionnée de flamenco, qui nous amena une troupe de gitans à Santo Sospir avec à leur tête la plus grande danseuse de flamenco : Pastora Imperio ; et puis tous nos amis de Marbella dont le sympathique décorateur Jaime, qui nous fit connaître la duchesse de Médina Sidonia, surnommée « la Duchesse rouge » par les Espagnols, pour sa lutte en faveur des ouvriers. Elle fit d'ailleurs quelques séjours dans les geôles franquistes ! J'allais oublier le danseur Antonio qui fit une cour effrénée à Francine. Jean éprouvait une véritable passion pour ce pays qui le lui rendait bien.

Déjeuner au Ritz de Madrid, en novembre 1953, avec Dalí dont Cocteau disait : « Ses moustaches sont des antennes. De plus en plus longues comme les moustaches de Velázquez[8]. » Jean nous racontait que Dalí rêvait de kidnapper Picasso pour le ramener en Espagne. Le peintre espagnol expliquait : « Picasso a du génie. Moi aussi. Picasso est communiste. Moi non plus. » Jean Cocteau écrira dans son journal : « Il sera, pour Dalí, très dur de vieillir. Il déteste la vieillesse et la mort. Il se veut d'un noir d'encre, cheveux et moustaches et droit comme sa canne transparente. Il se crispe pour le rire, par crainte des rides[9]. » Dalí parlait des regards qui salissent les tableaux et de certains musées qui les rendent malades[10].

Fête pour les fiançailles de la sœur de Luis Miguel Dominguin avec le torero Antonio Ordoñez (de droite à gauche) : Utrillo, Cocteau, Luis Miguel Dominguin, Dalí, Ordoñez.

LES VOYAGES 89

L'Espagne

Luis Escobar, Jean et Francine.

À propos d'un dîner chez le metteur en scène, Jean raconte : « Hier, dîner chez Escobar. C'est-à-dire que de son petit appartement et par des portes et des escaliers d'Escorial, on passe mystérieusement dans un palais où le dîner a lieu. » C'est durant ce voyage en Espagne que le poète fut frappé d'une terrible crise de coliques néphrétiques. On évita de peu l'hospitalisation, ses douleurs furent si fortes qu'il songea même à se jeter par la fenêtre !
Il était intransportable. Maman le veilla jour et nuit, avec Doudou et Pastora Imperio, la danseuse de flamenco, qui lui faisait des passes magnétiques pour le soulager.
Il écrira dans l'avion qui le ramena de Madrid à Nice : « Que me reste-t-il de plus vif de ce voyage ? Une grande crise de douleurs et des pointes d'amitié. Une enveloppe de gentillesse [...]. L'*Orfeo* n'a pénétré que dans quelques âmes rares. Celle, par exemple, de Luis Escobar, dont l'amitié n'est pas que de rencontre ou celle de la vieille Pastora qui me "devine" [11]. »

Jean et Francine s'initient au flamenco, une « langue qui se parle avec le corps[12] ».

Le poète avec l'âne porte-bonheur
de la Casa Ana.

« Espagne, j'accroche à mon mur de prison ta superbe panoplie enrubannée de torches, de cornes, de castagnettes qui claquent comme des os, de cordes qui coupent le cou et de peignes qui mordent. Et la mort assise avec sa petite couronne de fleurs au sommet du crâne, et le soleil qui dort à l'ombre, un œil bandé, l'autre grand ouvert[13]. »

Marbella, été 1961

Pour s'éloigner des foules occupant dès juillet la Côte d'Azur, la famille décida d'émigrer pour les deux mois d'été sur la Costa del Sol, à Marbella, qui à l'époque n'avait pas encore été envahie. Ma mère loua, tout à côté du Marbella Club, la Casa Ana appartenant à la princesse Bismarck. Nous vivions dans deux maisons séparées par un grand jardin. Régulièrement, des gitans nous rendaient visite pour nous vendre des draps ; nous nous adoptâmes mutuellement et tous les soirs, pour notre plus grand bonheur, c'était le flamenco à domicile. Ne se contentant pas de son travail d'écriture, le poète, pour aider une vieille amie, Anna de Pombo, qu'il avait connue avant la guerre à Paris, décora les murs de sa boutique de mode située dans le village de Marbella ; il mêla le dessin au collage sur le thème de la corrida et du flamenco. Ce même été fut ponctué de corridas à Ronda, de visites approfondies de l'Andalousie et d'une soirée de flamenco inoubliable à San Lucar de la Frontera dans le palais de la fameuse « Duchesse rouge ».

Je suis accueillie par Jean Cocteau à Marbella.

Mon père et Jean qui avait essayé de le persuader, en vain, d'acheter un terrain à Marbella.

Francine, Jean, Carole et Émilienne arrivant à l'université de Cadix.

Les mêmes sur les gradins des arènes privées de Domecq.

L'Espagne

En 1960, au cours d'un autre voyage en Espagne, à l'occasion de sa nomination comme docteur *honoris causa* de l'université de Cadix, Jean assista à une *Tienta* (ou course de taureaux privée) organisée en l'honneur du poète par Alvaro Domecq dans sa somptueuse *ganadería* aux environs de Jerez. Alvaro Domecq était le plus grand *rejoneador* (torero à cheval) de l'époque et possédait un élevage de chevaux exceptionnel. Ce fut ma première corrida à cheval. Il avait un fils, Alvarito, qui lui succéda dans les arènes. Père et fils sont toujours vivants.

Jean et Alvaro Domecq.

Le Suvretta, situé au-dessus de la ville, surplombant toute la vallée de la Maloya, était le parfait endroit pour se reposer. À propos de ce « grand caravansérail », Jean déclarait : « Dans cet hôtel Suvretta, on peut cohabiter sans jamais se voir. » La famille se partageait en deux groupes : les skieurs avec Carole, Doudou et Alec, les marcheurs avec Jean et Francine qui de temps en temps s'aventurait sur la patinoire, valsant dans les bras d'un professeur en tenue autrichienne. Quant à Jean, il admirait les prouesses

Saint-Moritz – Le Suvretta – Le Palace

de ma mère, allongé sur une chaise longue devant la patinoire. Le poète nous assurait en riant que ce qu'il y avait de plus dangereux aux sports d'hiver, « c'étaient les descentes de lit sur des parquets encaustiqués ! ». Toute la jet-set qui habitait le Palace voulait à tout prix avoir Cocteau à sa table ; c'est ainsi que je fis la connaissance d'Herbert von Karajan, de sa femme, Eliette, de la Maharanée de Baroda, de son fils Prency, qui avait à peu près mon âge, du baron Alexis de Rédé, d'Arturo Lopez, de sa femme Patricia, et de Mel Ferrer et Audrey Hepburn, tout jeunes mariés...

Presque tous les jours, Jean Cocteau se rendait en pèlerinage, en taxi ou en traîneau, dans un village voisin, Sils Maria, là où avait vécu Nietzsche.

Saint-Moritz – Le Suvretta – Le Palace

La maison de Nietzsche, en été.

Page ci-contre à gauche :
Arturo Lopez et le baron Alexis de Rédé en grande conversation avec Jean devant le Suvretta.

Page ci-contre en haut :
Dîner avec la maharanée de Baroda à la Chesa Veglia, restaurant typique engadinois. Anecdote amusante : la maharanée de Baroda avait fait venir ma mère et Jean au Palace pour leur montrer sa fabuleuse collection de joyaux. Chaque fois que son fils Prency présentait une bague, un collier, une broche, elle disait : « C'est pour vous mon cher maître » ; Jean était très gêné jusqu'à ce qu'il comprenne que ce n'était qu'une façon de parler et qu'il n'avait jamais été question qu'elle lui offre quoi que ce soit !

Page ci-contre en bas :
Un autre soir, dîner dans ce même restaurant : Francine est placée entre Georges Auric et Édouard Dermit.

La famille, avec Émilienne, la sœur de Doudou.

LES VOYAGES

Venise

« Il y a quelque chose de fou et de profondément honnête dans ce décor où rien n'est inutile, où la gondole est un fiacre, où les palais servent, même s'ils penchent comme une cantatrice qui salue[14]. »

Jean Cocteau insista auprès de ma mère pour me montrer Venise. Je n'oublierai jamais ma première vision du Grand Canal, voguant sur une gondole noir et or, avec des coussins capitonnés de velours bleu nuit. Le concierge de l'hôtel Bauer, appelé Tortorella, nous avait envoyé la gondole des morts pour honorer le Maître. Celui que j'appelais encore « Monsieur Cocteau » égrenait des noms magiques en relatant leurs histoires : ici, Chopin vécut avec George Sand, dans ce palais mourut Wagner... Je remarquai alors, parmi toutes ces demeures somptueuses, une modeste maison rose : « C'est la maison où le poète D'Annunzio écrivit ses plus beaux poèmes », me confia-t-il... Jean Cocteau connaissait Venise comme un vieux Vénitien, il y avait séjourné souvent, avant et après la guerre ; ce fut le premier voyage qu'il fit avec Francine et Doudou.

Jean était intarissable sur la Cité des doges. Ainsi, je me souviens encore de l'histoire qu'il me raconta sur la fameuse comtesse Morosini traversant la place Saint-Marc : « Les femmes du peuple lui criaient : "Dieu soit loué de t'avoir faite si belle !" » Il nous expliquait également, à notre grand étonnement,

que Venise avait été jugée laide autrefois : « C'est ce qui la sauva du pittoresque », selon lui.
Il ajoutait : « De nouveaux riches se battaient à coups de luxe. C'était à qui tricoterait le mieux la guipure de pierre avec les palis plantés ensuite dans l'eau comme les aiguilles dans une pelote et, sous ces grosses aiguilles de bois, les laines du reflet semblent se brouiller et se tordre aux pieds d'une femme attentive à son ouvrage. »

L'Italie – Rome, Naples, Florence, la Calabre – la Sicile...

En mai 1951, Jean, Francine et Doudou effectuèrent leur troisième voyage en Italie. Tous prirent l'avion pour Rome, Naples puis débarquèrent en Calabre par une pluie battante. À Catanzaro, il n'y avait rien à manger tant c'était pauvre ; ils ne trouvèrent à se loger que dans un bistrot où ils furent contraints de dormir tous les trois dans la même chambre. Maman dut étendre ses foulards Hermès sur l'unique lit, trop sale pour s'y allonger ! Le lendemain, ils allèrent à l'hôtel Miramar de Reggio di Calabre où ils ne purent dormir : sous leur fenêtre il y avait un chantier sur lequel, toute la nuit, on transportait des barres de fer ! Toutes ces mésaventures n'entamèrent pas la bonne humeur de la famille. Arrivés en Sicile, à Palerme, ils trouvèrent enfin un bon hôtel. C'est avec une grande émotion que Jean visita pour la première fois le fameux temple de Ségeste ; ils se rendirent ensuite à Taormine, où ils rencontrèrent Truman Capote. Jean avoua qu'il avait été un peu déçu par le personnage. Près de Palerme, à Bagheria, ils purent admirer la Villa Palagonia décorée de statues de nains et de monstres : « Le sol est fait de miroirs, la maison est en ruine. » Cocteau voulut la faire classer. Il disait que cela aurait pu être une maison décorée par Bérard.

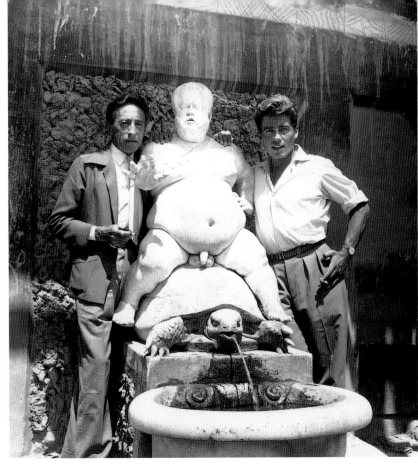

Juillet 1950. Jean et Doudou (la photo est de Francine) dans les jardins Boboli près de Florence devant le nain de la fontaine de Bacco. Le modèle du Bacchus de la fontaine était le nain des Médicis au XVIe siècle, il s'appelait Margente et le sculpteur de la fontaine était Pietro Barbino. En fait, ce nain était un peu le « Piéral[15] » des Médicis. On est toujours dans la mythologie coctélienne !

Ci-dessus : Jean, Francine et Doudou à Palerme.
Jean et Francine dans une église de Sicile.

Croisière en Grèce sur l'*Orphée II* – juin 1952

Francine et Jean devant le Parthénon.

Après un printemps très chargé – Jean venait de présenter à Paris son oratorio *Œdipus Rex* sur la musique de Stravinski –, Francine décida d'embarquer « son poète » et Doudou à bord de l'*Orphée II* pour visiter la Grèce[16] et ses îles.

Jean écrit dans son journal : « J'ai constaté que ce qui constituait pour nous des obstacles n'en opposait aucun aux navigateurs antiques et que le simple problème de se rendre à Delphes par la route n'empêchait pas d'y édifier des temples, d'y apporter et d'en emporter les statues[17]. »

Jean est au cœur de sa chère mythologie : « La fable drape la Grèce d'une pourpre sans trous [...]. Parce que l'Histoire se déforme à la longue et que le mythe se forme à la longue. Parce que l'Histoire est du vrai qui devient faux et le mythe est du faux qui s'incarne. »

De Nauplie où « les marais soufflent l'haleine des bouches de l'Hydre », ils se baladent à dos d'âne sur l'île de Santorin ; à Mykonos et à Knossos où « les ruches nous livrent le secret des modes d'une décadence qui était la pointe extrême d'une civilisation », ils tombent en arrêt devant le théâtre de Dionysos, en bas de l'Acropole, qui « organise les spectacles de [nos] rêves » ; à Épidaure, le poète se prend à rêver que l'on joue sa *Machine infernale*...

Francine et Jean sur des ânes à Santorin.

LES VOYAGES **109**

Départ pour Bruxelles

Claude Pinoteau, à l'époque assistant de Cocteau au cinéma, et Jean-Pierre Melville viennent saluer Francine, Jean et Doudou.
Photo prise dans les années 1950.

Tournée de La Machine à écrire au théâtre de la Monnaie à Bruxelles. Cette pièce fut produite par la Comédie-Française et présentée à l'Odéon en mars 1956, dans une mise en scène de Jean Meyer et

De gauche à droite : Cocteau, Lise Delamare, la reine, Jean Meyer, Annie Girardot et Robert Hirsch.

un décor de Suzanne Lalique. Annie Girardot jouait alors son premier grand rôle au Français, aux côtés de Robert Hirsch, Lise Delamare, Jean Meyer et Jean Servières. La troupe fut accueillie par la reine Élisabeth de Belgique (mère de la reine Marie Josée d'Italie), une grande amie du poète. La pièce avait été initialement montée dans une version différente en 1941 et jouée par Jean Marais.

Le Liban : tournée de *La Machine infernale* au festival de Baalbek – août 1956.

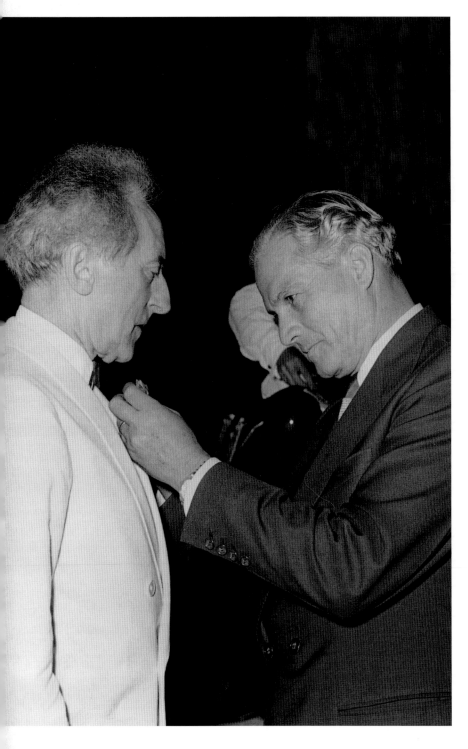

C'était le deuxième festival de Baalbek organisé par Mme Aimée Kétanée. Il fallait à l'époque un certificat de baptême pour aller au Liban ; ma mère, à mon grand désespoir, décide de ne pas m'emmener. Jean Marchat de la Comédie-Française met en scène le spectacle, joué entre autres par lui, Germaine Montero, Jeanne Moreau et, dans le rôle d'Œdipe, un jeune homme d'une grande beauté mais qui ne laissa pas un « souvenir impérissable ». À ce sujet, Jean Cocteau écrit à son Œdipe favori, Jean Marais[18] : « [...] un Œdipe sans cesse de mauvaise humeur à cause d'une dame qui doit lui faire des scènes dans la chambre. » Il ajoute : « Les ruines d'ici sont les plus belles choses du monde et le théâtre-temple une sorte d'opéra fabuleux. » Il dit encore dans une autre lettre à son Jeannot : « Un géant blond des ruines tenait le spectacle dans sa main. Mais toi tu serais sorti de sa main et tu serais devenu un spectacle [...]. Sans toi, il se creuse dans cet or fauve un trou noir – un trou de vide que rien ne comble [...]. » La pièce remporte un triomphe, Jean et Francine sont reçus comme roi et reine, et le poète est décoré de l'ordre du Cèdre du Liban par le président Chamoun.

Cocteau est décoré par le président Chamoun.

Sur la scène de *La Machine infernale*, Jeanne Moreau dans le rôle du sphinx, Germaine Montero dans celui de Jocaste.

PARIS

Jean, dans la loge du théâtre Sarah-Bernard pendant la générale de la reprise de sa pièce *L'Aigle à deux têtes* avec Edwige Feuillère et Gérard Baray qui interprétait le rôle de Stanislas créé par Jean Marais.

À partir du moment où Jean Cocteau vécut une partie de l'année au cap Ferrat, il aima de moins en moins la vie parisienne ; cependant il s'insurgeait quand on prétendait qu'il s'était définitivement éloigné de Paris. Il écrit dans son journal : « Ce sont des choses que je n'ai jamais dites. Tout cela est beaucoup plus simple. Ma santé et mon travail m'obligent à vivre loin de Paris, ce qui ne m'empêche pas d'y aller et d'y publier […]. Ce qui m'ôte le goût de vivre à Paris, c'est aussi qu'il m'est impossible de cohabiter avec le personnage qu'on a fait de moi et qui ne me ressemble en rien. Il fallait que l'un cédât la place à l'autre. »

Jean habitait au 36 de la rue Montpensier, à l'entresol, un minuscule appartement dont les fenêtres donnaient sur le Palais-Royal. Jean Marais et lui y avaient emménagé pendant la guerre. Ils avaient également acheté ensemble une maison à Milly-la-Forêt. Mais, peu après l'apparition d'Édouard Dermit dans la vie de Jean Cocteau, Jean Marais avait quitté l'appartement du Palais-Royal pour vivre sur une péniche.

La rue Montpensier était principalement le domaine de Madeleine, la gouvernante du poète : elle officiait entourée de ses chats siamois dont le célèbre « Bouchon ». À ce propos, Cocteau écrivait : « Madeleine devient folle avec ses chats. Elle les sépare. Elle en confie à tous les étages. La grand-mère, les mères, les fils, les filles se battent lorsqu'on les sépare ; […] Madeleine se trouve brusquement au milieu des complications psychologiques d'une famille de Dostoïevski. » C'est elle qui décidait qui avait le droit de voir ou non son « pauvre Monsieur Cocteau » comme elle l'appelait. Tous les matins, il y avait la queue dans l'escalier. Jean Cocteau recevait dans la minuscule cuisine qui faisait office de salon. Sa propre chambre était trop petite et Doudou dormait tard dans l'autre le matin. Les rendez-vous et les numéros de téléphone étaient inscrits à la craie sur les deux tableaux noirs accrochés aux portes. Le poète allait presque tous les jours déjeuner au Grand Véfour dont le chef et propriétaire était son vieil ami Raymond Oliver. Il y retrouvait souvent sa voisine de la rue de Beaujolais : Colette. Pour remercier Oliver, Jean, avec sa générosité habituelle, le comblait de cadeaux : « J'ai fait douze assiettes pour le Véfour. J'ai préparé douze autres à fond de couleur. Oliver en voulait sept. Je lui conseillerai d'éditer deux services de douze. » Il fit également de nombreux dessins sur les menus, préfaça et illustra *La cuisine est un jeu d'enfants* de Michel Oliver, le fils de Raymond.

Lorsque ma mère était à Paris, Jean et Doudou venaient dîner place des États-Unis chez mes parents ou bien ils sortaient ensemble au restaurant, au théâtre, ou chez des amis communs. Le week-end, ces messieurs partaient pour Milly où Maman allait les rejoindre ; de temps en temps, ils venaient me voir à Mortefontaine où nous avions une maison à la lisière de la forêt de Senlis. Toujours élégant, le poète était un causeur éblouissant ; on a beaucoup accusé Cocteau d'être un mondain : suprême injure proférée par certains intellectuels jaloux du poète ! Mais c'était faux, Jean n'était pas mondain, il aimait faire plaisir, et souvent ne savait pas dire non aux solliciteurs et aux invitations.

Dîners et soirées

Chez Maxim's : Nora Auric, Marie-Louise Bousquet qui a tenu l'un des derniers salons littéraires de Paris (place du Palais-Bourbon), Jean, Francine et Georges Auric.

Francine en grande conversation avec Roger Wibot, fidèle ami de la famille (chef de la DST qui fit beaucoup parler de lui pendant l'affaire des fuites et la guerre d'Algérie), lors d'une « folle soirée ». Ils regardent un livret fait par Robert Hirsch.

Marcel Achard, Jean Cocteau, Bernard Buffet, Francine lors d'un dîner place des États-Unis.

Arturo Lopez, sa femme Patricia, Francine habillée par Christian Dior, Jean et Doudou au cours d'une première au Lido.

Jacques Chazot et Jean Cocteau dans la salle à manger de la place des États-Unis.

Robert Hirsch, que ma mère avait rencontré à l'occasion de la production au Français de *La Machine à écrire*, improvisait des sketchs avec quelques-uns de ses camarades du Français et d'autres amis non comédiens. Ils avaient commencé ces improvisations – exclusivement réservées à un public d'amis – au dernier étage du restaurant La Régence (qui aujourd'hui n'existe plus), appelé « Cour et Jardin », place du Théâtre-Français. Robert aimait également improviser des sketches chez des amis comme Roger Hart, Michel Garmati, ou dans le château de Sabine de Bonneval où la famille fut invitée. Éblouie par tant d'humour et de cocasserie, ma mère les supplia de venir se produire chez elle. Quelque temps après, Robert et ses camarades investirent les armoires de Francine, se drapèrent dans ses robes, décrochèrent les rideaux du salon pour se déguiser en femmes... Devant un parterre d'amis où se mêlaient académiciens, acteurs, gens du monde, ils interprétaient des piécettes comme *Les Adieux d'une vieille sociétaire de la Comédie-Française*, *La Fuite à Varennes de Marie-Antoinette*, une parodie d'une recette de Mapie de Toulouse-Lautrec (célèbre critique culinaire de l'époque) : *La tête de cheval à la famille*, dite par une certaine Mme Monpelier Bonard alias Marc Doelnistz.
Ces spectacles étaient d'une drôlerie irrésistible, jamais vulgaires ; ils enchantaient toutes les générations.

La « chorale des grillons de Provence ».

« Folles soirées » avec la « bande »
à Robert Hirsch : Jean Le Poulain,
Jacques Charon, Marc Doelnitz,
Jacques Chazot, Jacques Iskander…

Carole, Francine, Sabine de Bonneval,
Paul-Louis Mignon, Marie Daëms, etc.

Jean Le Poulain en Chinois à natte.

Robert Hirsch dans *Les Adieux d'une vieille sociétaire de la Comédie-Française*.

Robert Hirsch et Jean Le Poulain dans la pièce d'Anouilh : *Serpillettes ou le Vent contraire*.

Carnet des plans de table et des menus.

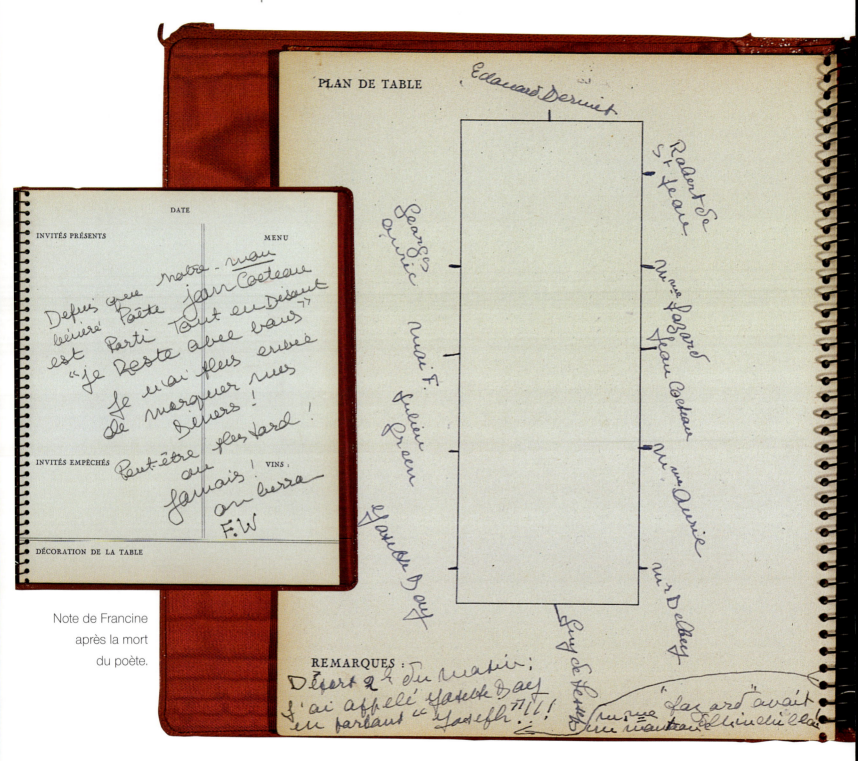

Note de Francine après la mort du poète.

Dîner DATE le 20 Janvier 1955

INVITÉS PRÉSENTS

Mme Auric
Mr Auric
Mr Guy de Lesseps
Mme Josette Day
Mme Lazare
Mr Delay
Mr Julien Green
Mr de St Jean
Mr Jean Cocteau
Mr Édouard Dermit
Mr Alec Weisweiller

INVITÉS EMPÊCHÉS

DÉCORATION DE LA TABLE — Fleurs de Printemps
Lilas Tulipes — nappe de Lurrs
Prunus — Miyasaki Service Lierre et Copenhague
Héroïque

MENU

Homard à
l'Indienne

Bas ronds
d'Agneau
Primeurs

Salade
fromages

Omelette
Norvégienne

Fruits

VINS :

Arbois 28
Bordeaux

Les dîners de Francine respiraient l'élégance et le raffinement : la nappe brodée par des dames italiennes dans un couvent de Florence s'harmonisait avec la décoration florale inventée par ma mère et réalisée par une certaine Mme Jeanne de chez Arène, le plus fameux fleuriste de l'époque. Souvent, le placement des invités était un véritable casse-tête que devait résoudre mon père aidé par Jean Cocteau. Nous avions un chef, M. Lafontaine, qui faisait dire à nos amis que les mets et les vins possédaient une certaine odeur de sainteté ! Particulièrement le foie gras de Noël fait maison, et une recette donnée par Yul Brynner à ma mère : des pommes de terre au four recouvertes de caviar et servies avec de la crème fraîche, le tout arrosé d'un vin d'Arbois au goût de noix ou d'un Château la Lagune, sans oublier quelques desserts, de véritables chefs-d'œuvre, comme les tasses en nougatine remplies de glace à la vanille, arrosées de chocolat chaud mélangé à des pralines grillées. Malheureusement, nous ne possédons que très peu de photos de ces soirées. Les invités étaient présents non pour ce qu'ils représentaient dans la société mais parce qu'il étaient des amis du poète ou de mes parents.

La vie parisienne

Croquis de Philéas Fog

et d'Edmond Rostand (pour une couverture de livre)

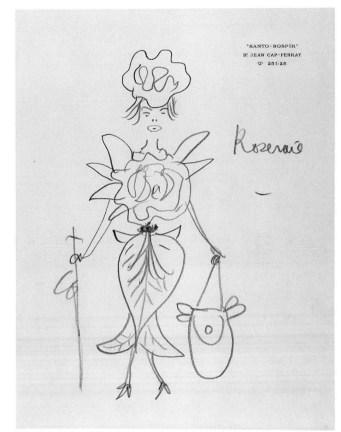
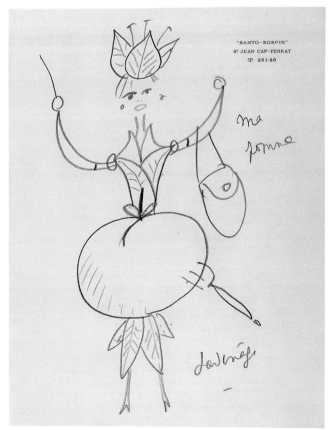
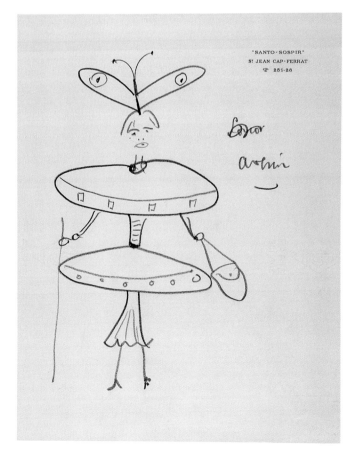

Déclinaison sur Brigitte Bardot

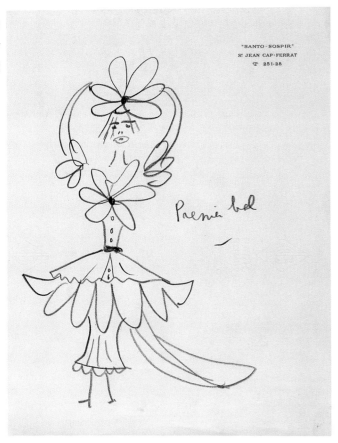

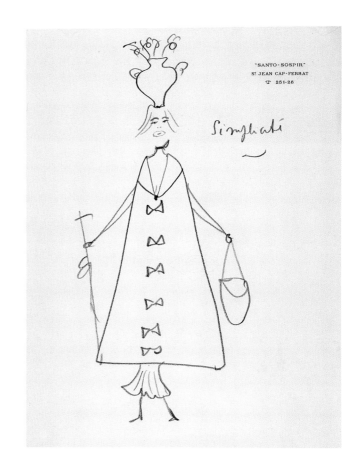

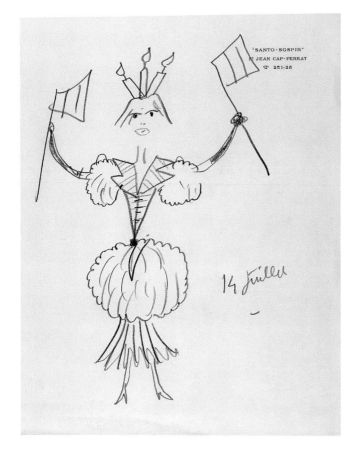

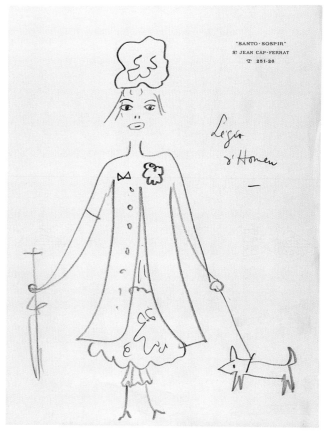

Jean Cocteau adorait nous faire rire avec ses caricatures : par exemple avec certaines grosses dames à demi-nues sur la promenade des Anglais ou encore la fameuse Comère américaine Elsa Maxell...

Les Noëls de la famille

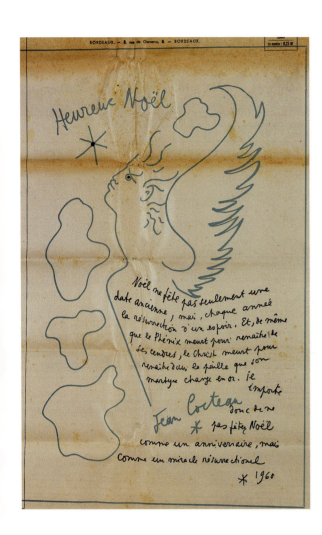

Marnes le 28-12-60

Francine chérie

Vous me faites honte. J'ai toujours souhaité être quelqu'un que j'estime mais quand une amie est telle que vous et me donne dans cesse un exemple de bonté, de générosité et de cœur je me rends compte que je ne parviendrai jamais à m'aimer. Vous êtes un ange chère Francine. Ce merveilleux porte cigarettes m'a fait un énorme plaisir, bien sûr, mais le petit mot qui l'accompagnait était si doux et si amical que j'ai été envahi immédiatement d'une merveilleuse chaleur. Merci Francine chérie. Je voudrais de toutes mes forces que vous soyiez très, très heureuse dans cette nouvelle année et surtout qu'aucun froid, aucun microbe ose vous toucher –

Pour moi je souhaite de vous voir plus souvent. Je suis heureux de vous savoir en ce moment au palais et j'aimerais être un peu près de vous hélas le travail !...

Je vous embrasse de tout mon cœur

Votre Jeannot

Lettre de Jean Marais à Francine

Les Noëls de la famille

Diamant êtes-vous du sapin
Le fruit dont les feux s'assassinent?
Peut-être cet arbre est-il peint
Sur les neiges de Francine.

Jean
*
Noël
1950

Joyeux Noël
1955
à
Carole

Jean
*

Jean
1955

Jean Cocteau nous comblait de dessins, de pastels et de merveilleuses dédicaces.

« Belles étoiles et douces ondes sur le 4, place des États-Unis. Le président de la place. » Jean Cocteau, Noël 1952.

Le bal de mes 18 ans

Le 24 juin 1960, sous des trombes de pluie, Francine et Alec organisèrent place des États-Unis un bal pour mes dix-huit ans. Pour réaliser le décor de cette soirée, ma mère fit appel à André Levasseur qu'elle avait connu comme jeune modéliste auprès de Christian Dior et qui allait devenir un grand décorateur de théâtre. Ensemble, ils imaginèrent de créer, dans la partie jardin de l'hôtel particulier, un palais enchanté peuplé de licornes, animaux mythiques chers au poète. Ces licornes furent fabriquées par Janine Janet qui réalisa, entre autres, toutes les vitrines pour Balenciaga et à qui Jean Cocteau avait demandé de faire différentes statues et figurines pour son film *Le Testament d'Orphée* (1959). Les amis de Francine et ceux de Jean Cocteau se mélangeaient parfaitement avec les miens. Parmi les invités, on pouvait reconnaître entre autres : Charles Aznavour, Jean Marais, Jean Genet, Yul Brynner, Marcel Jouhandeau et sa femme que l'on surnommait « Cariatis »...

Francine dansant avec son mari.

Jean Genet conversant avec un jeune homme.

Francine et Charles Aznavour.

Mademoiselle Chanel

Ci-contre : Coco Chanel et ma mère dans le bar de la place des États-Unis, devant la fresque réalisée par Cocteau « Une muse lit son discours », le matin de sa réception à l'Académie française.

« Mademoiselle », comme nous l'appelions, avait connu Cocteau à l'époque des Ballets russes. Avec son amie Misia Sert, elles avaient été mécènes des ballets de Diaghilev. Coco Chanel révolutionna la mode avant-guerre : « Sa mode (son règne) furent une réforme avec tout ce que cela comporte d'austère. C'était la révolte contre les fanfreluches. [...] Avec sa petite tête de cygne noir, elle proteste sans cesse et contre tout. C'est une de ces Auvergnates avec des grands-parents romanichels, et sa démarche de gitane. » Elle rouvrit sa maison de couture le 5 février 1954, ma mère deviendra sa cliente et son amie. Après une première collection qui ne remporta pas le succès escompté auprès de la critique, ses fameux « petits tailleurs » ne tardèrent pas à devenir célèbres dans le monde entier.

Jean et Francine dans la rue Cambon, entre la boutique de Coco Chanel et le Ritz où elle habitait toute l'année.

Après la présentation d'une collection dans les salons de la rue Cambon, « Mademoiselle » embrasse Francine ; Carole est derrière elle.

ALLEGRIA
BORDAGAIN
CIBOURE (B.-P.)
TÉL. 607-38

22 Octobre

Chère Francine,

J'espère que vous êtes contente de la victoire de Jean. C'est à dire de la vôtre.

J'ai été jaloux de ce que vous voir, vous parler, vous serrer les mains. Mais j'espère bien que vous avez senti que mon affection, un seul moment, ne vous a pas quittée. Et, Dieu au ciel, que vous étiez charmante et belle.

Moi, selon mon programme, la dernière fusée du feu d'artifice à peine retombée, j'étais reparti.

Je vous embrasse

P.B.

Remerciement aux Amis qui m'ont offert une Épée

★

Du rien timidement nié par une pointe
Elle témoigne Tage et tige élargissant
Cette promesse d'être une étrangère au sang
Et seule d'amitié sa lame espagnole ointe.

Un tonnerre trouait le tunnel du toril
Vers ce buisson ardent aspergé d'une tache
Solaire et noire où Nietzsche enroule sa moustache
Comme cornes du bouc des neiges de l'exil.

Salut bel or taurin fleur au vase trempée
Nocturne un pied sur le dragon à ma merci
Les pourpres de la honte osant dire merci
A l'ange dont la bouche éjacule une épée.

JEAN COCTEAU

Lettre de Pierre Benoit à Francine

L'Académie française

Jean prononçant son discours de remerciements.

La photo a été prise le jour de la remise de son épée par Pierre Benoit. Dans le salon de la place des États-Unis : Cocteau, Simone Maurois (femme d'André Maurois qui devait recevoir notre nouvel académicien sous la Coupole) et ma mère.

Réception place des États-Unis : Jean Genet, Jacqueline et Marcel Pagnol.

Arrivée dans la cour de l'Institut : Francine et Jean Cocteau.

« 20 octobre 1955, 2 h 20 (14 h 30). Nous sommes arrivés à l'Académie. La foule s'entassait sur les quais et sur le pont. Il y a les photographes, la radio, les Reines les sabres au clair – les tambours, seize membres de l'Académie en uniforme. [...] Je suis sorti avec la reine Élisabeth et Dubois (préfet de police) qui organisait le service d'ordre. La voiture (la Bentley de Francine) a longé la foule qui se massait sur les trottoirs et qui me saluait avec les mains. [...] Même si on est dur à cuire ou dur de cuir, il est impossible d'être insensible aux roulements de tambour entre lesquels on passe escorté d'uniformes et suivi par le regard des bustes, impossible de pénétrer sans un coup de cœur dans cette rotonde dont nous rêvâmes dans notre jeunesse enduite d'une patine de gloire[19].

« Une raclée d'honneurs vient de me tomber sur les épaules, loin de m'enorgueillir, elle me met en garde et doit correspondre à des fautes contre la solitude que j'ai commises et dont le sort m'avertit sous un aspect illusoire de récompense », déclara Jean Cocteau qui venait d'être élu au fauteuil de Colette à l'Académie royale de Belgique le 1er octobre 1955. Et le 20 octobre de cette même année, il prononça son discours d'entrée sous la coupole de l'Académie française[20] ; le 12 juin 1956, il était nommé docteur *honoris causa* à Oxford ; entre-temps, il avait également été honoré par l'université de Cadix.

L'Académie française

L'Académie française

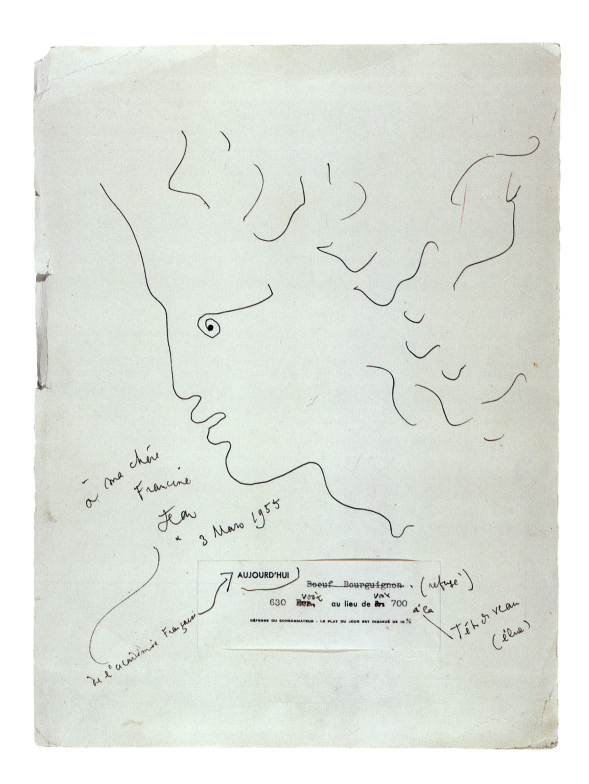

Oxford, docteur *honoris causa*, mai 1956

Consacré docteur *honoris causa* à Oxford en mai 1956, Cocteau parle de la réception comme d'une « admirable cérémonie du Moyen Âge[21] ». Il s'est beaucoup amusé à revêtir la robe rouge et jaune ainsi que la coiffe « japonisante » des professeurs et nous fit d'ailleurs à tous des dessins très comiques à ce sujet. Signe des dieux, il fut reçu à Oxford par l'éminent professeur Berlin, marié à une cousine d'Alec, mon père.

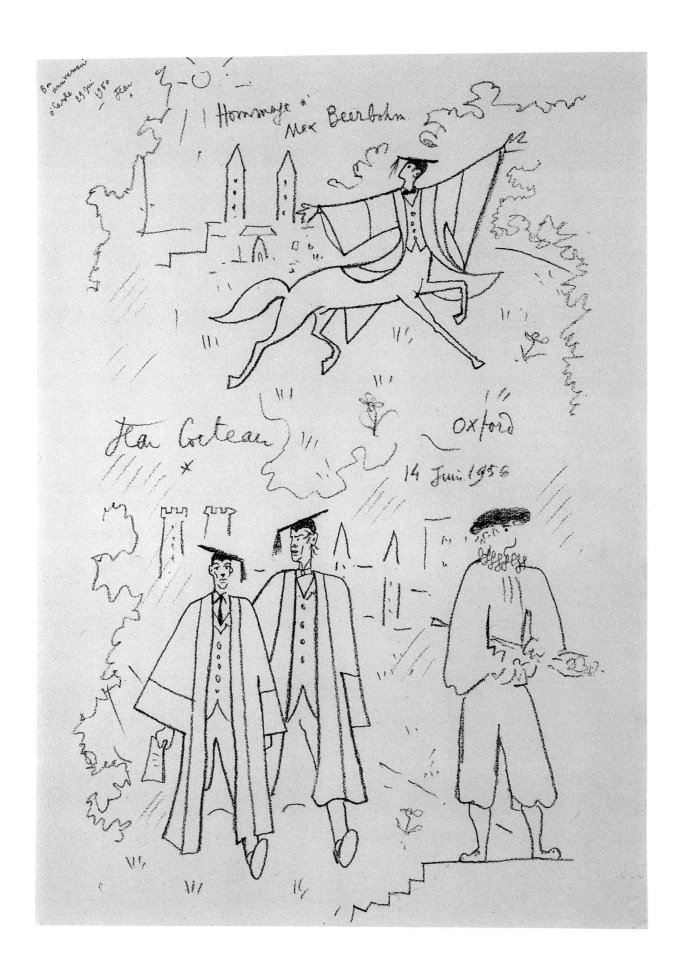

Milly-la-Forêt

Francine et Jean devant la maison avec le chien de Cocteau : un chow-chow nommé Annam, « gros bébé chien adorable ».

La maison du Bailli à Milly-la-Forêt fut acquise par Jean Cocteau et Jean Marais en 1947 (en 1950, Jean racheta les parts de Marais). C'était une maison bourgeoise sur deux étages, construite au début du XIXe siècle, située au bord de douves à la lisière de la forêt de Fontainebleau. Jean y travaillait et y passait tous ses week-ends lorsqu'il était à Paris. Jean et Doudou aimaient y accueillir Francine. « Tu es mon ordre », disait-il à ma mère qui apporta à la maison non

seulement sa touche féminine et son « ordre », mais de nombreux objets comme par exemple les deux grands palmiers en métal doré du salon. Jean Cocteau vécut la dernière année de sa vie à Milly. Il y mourut le 11 octobre 1963 et fut enterré dans la chapelle Saint-Blaise-des-Simples qu'il avait décorée en 1959[22]. Doudou hérita de tout et, notamment, de Milly où il vécut, en compagnie de sa femme et de ses enfants, jusqu'à sa mort en 1995. La femme de Doudou décéda deux ans après son mari et son fils Jean peu de temps après, tandis que Stéphane déménagea récemment dans la région nîmoise. Depuis, Milly a été racheté par le conseil général de l'Essonne, en partie grâce aux fonds privés de Pierre Bergé. Après restauration, la maison du poète sera ouverte au public.

Jean à Milly en 1952, près de la sculpture de Gustave Doré *Persée et Andromède* que lui avaient offerte le vicomte et la vicomtesse Charles de Noailles. Cet objet l'avait inspiré pour son film *La Belle et la Bête*.

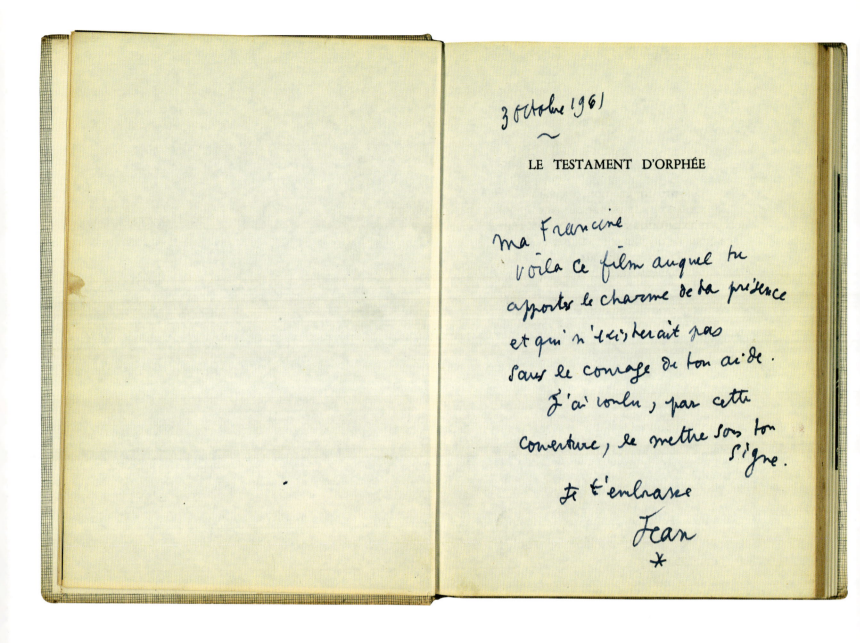

Dédicace du livre paru aux éditions du Rocher en 1961.

TOURNAGE DU TESTAMENT D'ORPHÉE
1959

Le *Testament d'Orphée*, sur un scénario original de Jean Cocteau, raconte l'histoire d'un homme – le poète – qui a commis la faute d'en savoir trop sur l'autre monde, cet au-delà « d'où nous venons et où nous allons ». Perdu dans un repli de l'histoire-temps, habillé en costume Louis XV en plein XXe siècle, le poète cherche à revenir dans sa peau. Il croise au cours de son voyage dans le temps tous les personnages qui ont toujours hanté son œuvre. Jean Cocteau déclarait : « Par la possibilité de remonter le temps, de vaincre ses limites étroites, le cinématographe est la seule langue qui me permet de mettre ma nuit en plein jour et de la poser sur la table en pleine lumière […].

Jean Cocteau joue son propre rôle (« Orphée n'existe que dans le titre, comme on dirait Bécassine à Rocamadour ou Babette s'en va-t-en guerre. C'est ma firme[23]... »), et Édouard Dermit celui de Cégeste, un rôle qu'il interprétait déjà dans le film *Orphée*. Henri Crémieux joue le professeur, Jean Marais un Œdipe aveugle. On trouve aussi Yul Brynner, Daniel Gélin, Jean-Pierre Léaud, Nicole Courcel, Françoise Christophe, Claudine Auger, Francine Weisweiller, François Périer, Maria Casarès ainsi qu'une troupe de gitans. On peut également reconnaître les silhouettes de Picasso, de Jacqueline Picasso, Lucia Bose, Luis Miguel Dominguin, Charles Aznavour, Serge Lifar...

Aucun producteur ne voulait de ce scénario. Jean Cocteau, avec sa notoriété et ses soixante-dix ans, lutta plus de trois ans comme un débutant. Son assistant et directeur technique Claude Pinoteau dut faire du porte-à-porte pour trouver l'argent nécessaire à la production. Finalement, Jean Thuillier[24] consentit à assurer la production, mais il manquait toujours de l'argent. C'est grâce à l'aide financière de François Truffaut, d'Alain Resnais, de François Reichenbach, de ma mère, et au fait que les comédiens acceptèrent de tourner gratuitement, que le film put enfin se faire. Il fut tourné aux Baux-de-Provence, dans le fameux val d'Enfer cher à Dante, à Santo Sospir, dans les studios de La Victorine à Nice et, plus tard, près de Paris, dans les studios de Saint-Maurice.

Le film sortira à l'automne 1960 au cinéma La Pagode et obtiendra un succès d'estime, à défaut d'un succès commercial, mais pour le poète le temps était très relatif, il adressait ce « testament » aux jeunesses à venir !

Jean et Janine Janet (créatrice de vitrines et d'objets rares pour de grands couturiers) fabriquant la tête du Sphinx.

Jacqueline Picasso et ma mère aux Baux-de-Provence lors du tournage.

Autre déjeuner où l'on peut voir Picasso, ma mère, Dominguin, et Jacqueline de dos.

Aznavour et Cocteau dans les carrières entre deux prises.

Maman, Aznavour, Yul Brynner, Cocteau, déjeunant à L'Oustau de Baumanière où une partie de l'équipe du film était logée. Le patron, qui devint aussi maire des Baux, s'appelait également Thuillier, mais il n'avait aucun lien de parenté avec le producteur.

« Si j'ai choisi Mme Alec Weisweiller pour interpréter ce rôle d'une dame distraite de Claude Monet qui se trompe d'époque et lit *Tirez sur le pianiste* dans le jardin de sa villa Santo Sospir à Saint-Jean-Cap-Ferrat, ce n'est pas parce que cette villa est la sienne et que je désirais lui faire partager l'aventure de mon dernier film, *Le Testament d'Orphée*, c'est parce que seule une jeune femme qui n'est pas actrice pouvait assurer un relief mystérieux à ce rôle de fantôme en chair et en os. La projection a prouvé que je ne me trompais pas et que ce ne sont ni la merveilleuse robe de Balenciaga ni la frange d'Alexandre, ni la japonaise ombrelle mallarméenne, ni sa silhouette de Sarah Bernhard, qui donnent un style au personnage mais bien la grâce transparente et le comique sans aucune charge que Francine Weisweiller met à mon service avec une sorte de science infuse du théâtre et du cinématographe. »
Jean Cocteau, 1959.

Si j'ai choisi madame Alec Weisweiller pour interpréter ce rôle d'une dame de (sortante) Claude Monet qui se trompe d'époque et lit "Tirez sur le Pianiste" dans le jardin de la villa Santo Sospir à St Jean Cap Ferrat, ce n'est pas parceque cette villa est la sienne et que je désirais en faire partager l'aventure de mon dernier film "Le Testament d'Orphée". C'est parceque seule une jeune femme qui n'est pas actrice pourrait amener un relief mystérieux à ce rôle de fantôme en chair et en os.

[La projection m'a prouvé que je ne me trompais pas et que ce ne sont ni les merveilleuses robes de Balenciaga, ni la frange d'Alexandre, ni le (japonaise) ombrelle mallarméenne, ni sa silhouette à Sarah Bernhardt, qui donnent un style au personnage, mais bien la grâce transparente et le comique sans aucune charge que Francine Weisweiller met à mon service avec une sorte de science infuse du théâtre et du cinématographe.

Jean Cocteau
1959

Portrait de Francine dans *La dame qui s'est trompée d'époque* par Picasso et Cocteau.
Picasso, durant les prises de vues, demanda papier et crayon ; pour les couleurs, il cueillit lui-même des fleurs qu'il écrasa sur le papier. Il fit généreusement cadeau de son dessin à ma mère.

Tournage dans le jardin de Santo Sospir : Jean indique à Francine ce qu'elle doit faire. Picasso, au balcon, assiste en spectateur au tournage.

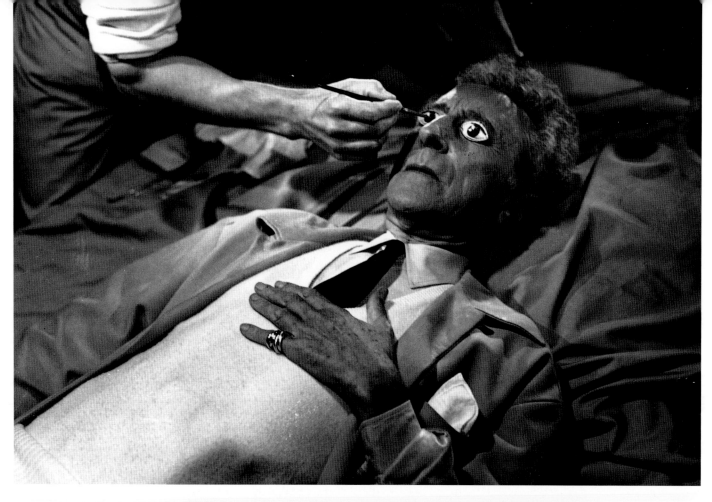

On maquille les faux yeux du poète.

Le poète vient d'être frappé par la lance de Minerve, interprétée par Claudine Auger.

Yul joue le rôle d'un huissier qui accueille le poète avec cette réplique : « Si vous voulez être assez aimable pour attendre quelques instants, M. le Ministre va vous recevoir. » Le poète murmurait en voix off : « J'attendais, j'attendais toujours... »

Les hommes-chevaux veillent le poète,
toujours à l'intérieur des carrières.

Un cheval croise Cocteau pendant une pause.

FIN

Les deux dernières années de la vie du poète furent riches en création mais dramatiques sur le plan privé. Il termina la décoration du théâtre du Centre méditerranéen du cap d'Ail, dessina des vitraux pour une église à Metz, réalisa mise en scène, décor et costumes de *Pelléas et Mélisande,* drame lyrique de Debussy, pour le festival de Metz (1962), écrivit une pièce pour les acteurs de la Comédie-Française : *L'Impromptu du Palais-Royal,* conçut des maquettes pour la décoration de la chapelle Notre-Dame-de-Jérusalem à Fréjus (1963)[25], fit un tableau commun avec un jeune artiste niçois, Raymond Moretti... Après avoir écrit *Le Cordon ombilical*, un essai sur ses personnages, Jean Cocteau rassembla et orchestra pour la dernière fois tous ses thèmes dans un grand poème : *Le Requiem*, son véritable testament. À la dernière page, il a composé son épitaphe :

> Halte pèlerin mon voyage
> Allait de danger en danger
> Il est juste qu'on m'envisage
> Après m'avoir dévisagé.

À la suite d'une stupide brouille entre Jean et Francine qui nous laissa tous, sa famille de cœur, disloqués, le poète quitta Santo Sospir la mort dans l'âme, pendant l'été 1962, pour s'installer à Milly.

En avril 1963, après avoir enregistré pour la télévision une série d'émissions avec Roger Stéphane : « Portrait souvenir », Jean Cocteau fut frappé d'un deuxième infarctus du myocarde. Comme pour le premier en 1955, il refusa l'hospitalisation, et fut soigné chez lui rue Montpensier. Il passa sa convalescence à Marnes-la-Coquette chez Jean Marais, puis il repartit pour Milly le 5 juillet, jour de son anniversaire. Il se remit péniblement à travailler, mais il était de plus en plus fatigué physiquement et moralement.

Le 11 octobre de cette même année, celui que j'aimais comme un père passa « de l'autre côté du miroir ». Cela fait aujourd'hui près de quarante ans que Jean Cocteau nous a quittés, mais pour moi, il est plus présent que jamais. C'est lui qui m'a dicté cet album en hommage à celle qu'il a toujours considérée comme sa « Francine chérie ».

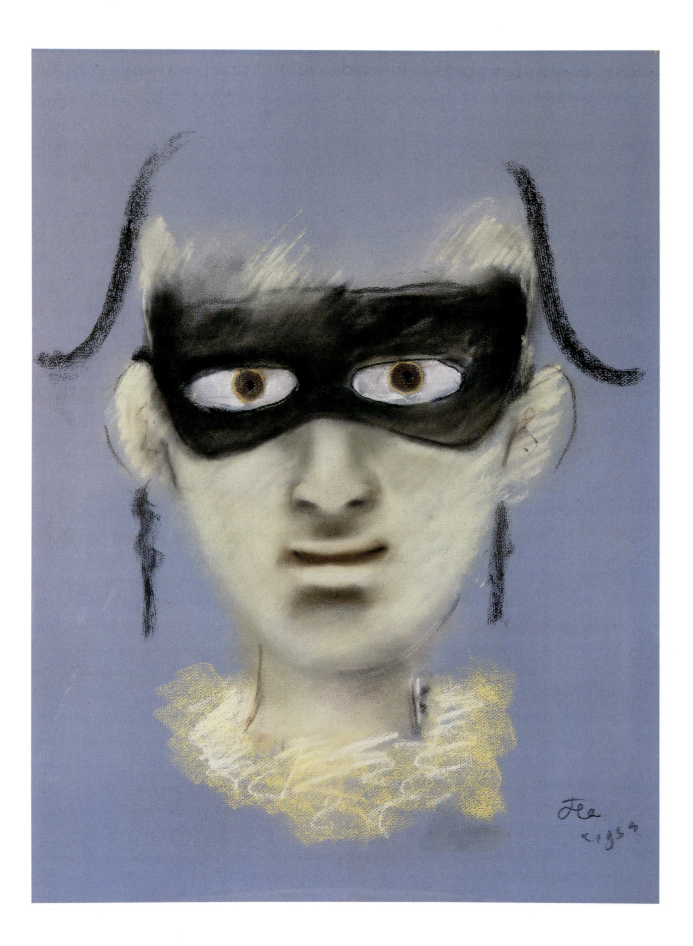

Pastels de Jean Cocteau

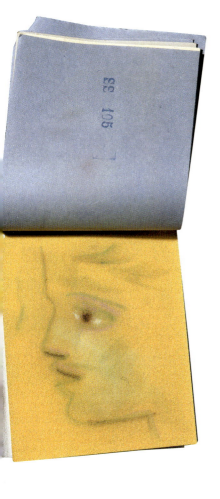

> Toute la terre s'assassine
> Et cherche abri pour se tapir
> Le seul refuge est chez Francine
> Sur la pointe Santo Sospir
>
> 27 Décembre 1961 Jean
> *

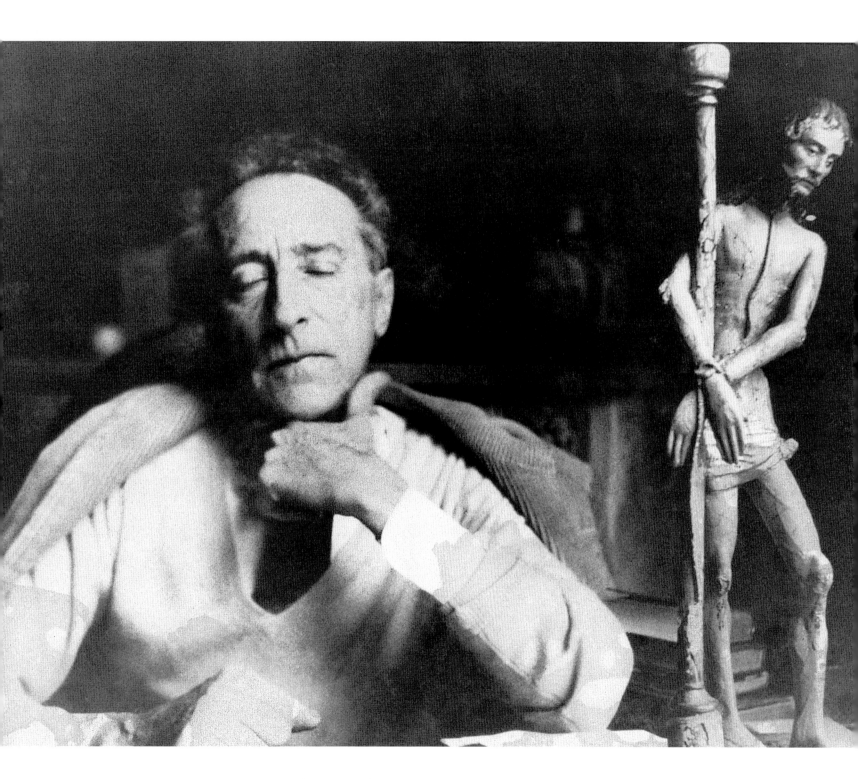

Jean les yeux fermés avec « le Christ aux outrages » au moment de la flagellation.

Notes

1. *Le Passé défini, 1954*, sous la direction de Jean Cocteau et Pierre Chanel, tome 3, © éditions Gallimard, 1989.
2. *Ibid.*
3. *La Corrida du premier mai*, Grasset, 1957.
4. *Le Passé défini, 1954, op. cit.*
5. *La Corrida du premier mai, op. cit.*
6. *Le Passé défini, 1953*, tome 2, Gallimard, 1985.
7. *Ibid.*
8. *Le Passé défini, 1954, op. cit.*
9. *Ibid.*
10. *Ibid.*
11. *Ibid.*
12. Jean Cocteau ne cessera d'écrire sur l'Espagne et ses artistes : hommage à Góngora, Vélàsquez, Manolete, Goya, au Greco, à Antonio Gaudi et à Pastora Imperio.
13. *La Corrida du premier mai, op. cit.*
14. Texte extrait de *Venise vue par Ferruccio Leiss* avec l'autre face de Venise par Jean Cocteau, éditions Daria Guarnati, Milan.
15. Piéral était le nain du film *L'Éternel Retour* réalisé par Jean Delannoy, d'après un scénario de Cocteau.
16. Jean Cocteau est allé pour la première fois en Grèce en 1948, lors d'une tournée théâtrale en Égypte, en Turquie et en Grèce (voir *Maalesh – Journal d'une tournée de théâtre*, Gallimard).
17. *Le Passé défini, op. cit.*
18. *Lettres à Jean Marais*, Albin Michel, 1987.
19. *Le Passé défini*, Gallimard (à paraître).
20. Jean Cocteau a été élu au fauteuil de Jérôme Tharaud.
21. *Jean Cocteau, l'homme aux miroirs* de J.J. Kihm, éditions de la Table ronde, 1968.
22. Édouard Dermit sera également enterré dans la chapelle Saint-Blaise-des-Simples auprès de Jean.
23. Lettre à Milorad.
24. Jean Thuillier est le producteur d'*Un condamné à mort s'est échappé* de Robert Bresson.
25. Il ne pourra pas les réaliser lui-même ; c'est Édouard Dermit qui le fera quelques années après la mort de Cocteau.

Crédits photographiques :

© ADAGP, Paris, 2011 pour l'ensemble des œuvres de Jean Cocteau.
Actualit/D. R. : 111. W. Angerer : 98 haut et bas gauche. Belga : 110.
M. Berard : 32 haut. F. Bongiovanni : 72 haut. A. Chenier : 61 bas. Cinexport : 27.
L. Clergue : 151, 154 haut et bas gauche, 155 bas, 160 bas, 161, 162, 164.
Coll. part. / D. R. : couverture, 6, 14, 17, 20, 22, 26 haut et bas gauche, 32 bas, 40, 41, 42, 43, 44, 45 bas, 47 haut, 49, 50, 51, 54 gauche, 55, 58, 59, 65, 66 haut, 67, 69 bcd, 70 bas, 72 bas, 84, 85, 88, 89 haut, 92, 93, 94, 95, 97, 98 droite, 100, 104, 106, 108, 109, 116, 119 haut gauche, 120, 121, 122, 123, 137 haut droite, 139, 141 haut gauche et droite, 143, 146 haut, 148 gauche et bas droite, 149, 150, 155 haut, 159 gauche, 163, 168, 175. A. Dalati & Nohra : 112. E. Dermit : 54 droite. Farreno : 89 bas.
J. Feneynol : 45 haut. Ferroli : 69 a. Fournol / Jour de France : 138. R. de Grab : 63.
P. Guglielmo : 62. J. Harod : 46. S. Held : 36-37, 61 haut gauche, 61 haut droite, 177.
P. Jahan : 148 droite. Juman : 96. J. Lattes : 165. R. Liboj : 64, 102. P. Manciet : 74 haut, 154 bas droite. Manoug : 113. Foto Max : 101. Studio Maywald : 26 droite. P. Meunier : 70 haut.
L. et Y. Mirkine : 66 bas gauche, 160 haut. National Foto Persbureau/Stevens & Magielsen : 73. A. Newman : 114. J. Nocenti : 48. Olaf, Zürich : 99. A. Ostier : 118, 119 bas droite, 141 bas.
Paris-Match : 142. Paul-Louis : 4, 30. J. M. Perier/Marie-Claire/Paris-Match : 136, 137 gauche, 137 bas droite. Publifoto, Palerme : 107 bas gauche, 107 droite. Succession Picasso : 82, 83, 158. A. Traverso : 66 bas droite. © Pierre Vals : 28 haut. Clichés J. Vasseur : 8, 10, 15, 16, 18, 19, 21, 23, 24, 29, 31, 33, 39, 47 bas, 52-53, 56, 57, 60, 68, 71, 74 bas, 75, 76, 77, 78, 79, 80-81, 86, 90-91, 103, 105, 115, 124-125, 126, 127, 128, 129, 130, 131, 132, 133, 134, 135, 140, 144, 145, 146 bas, 147, 152, 156, 157, 159 droite, 166, 170, 171, 172, 173, 174.
A. Villers : 38. C. Wehrlé : 119 haut droite. F. Weisweiller : 107 haut gauche.

Chapelle de Saint-Blaise-des-Simples
à Milly-la-Forêt.

Direction éditoriale : Claude Hénard
Direction artistique : Valérie Gautier
Suivi éditorial : Caroline Fuchs
Suivi de fabrication : Charlotte Debiolles

Photogravure : Sogec à Turin, Italie
Impression : Pollina à Luçon, France
Dépôt légal : mars 2011 – N° 104127

Nos plus vifs remerciements à Pierre Bergé

et à Pierre Chanel, Suzanne Held, Robert Hirsch, Fred Kirilof, Patrick Renaudot, Marcel Turbiaux, ainsi qu'à toute l'équipe des Éditions du Seuil.

Jean Cocteau

Jean Cocteau